SALVIO KOTTER

VERDADES INCÔMODAS:

O CASO PIZZOLATO

o mensalão como tubo de ensaio do lawfare

Coordenação Editorial: Sálvio Nienkötter
Editor executivo: Claudecir de Oliveira Rocha
Editor adjunto: Daniel Osiecki
Capa: Jussara Salazar
Produção: Cristiane Nienkötter
Diagramação: Caroline Costa e Silva

Dados internacionais de catalogação na Publicação (CIP)
Angelica Ilaqua CRB-8/7057

Kotter, Sálvio .
Verdades incômodas : o caso Pizzolato, o mensalão como tubo de ensaio do lawfare / Sálvio Kotter. - Curitiba : Kotter Editorial, 2022.
150 p.

ISBN 978-65-5361-100-9

1. Política e governo - Brasil 2. Corrupção na política - Brasil
3. Julgamentos criminais – Brasil I. Título

22-3035 CDD 364.13230981

Kotter Editorial
Rua das Cerejeiras, 194
82700-510 | Curitiba - PR
+55 41 3585-5161
www.kotter.com.br | contato@kotter.com.br

Feito o depósito legal
1ª edição
2022

A CALÚNIA

Texto da ária La Calunnia, da ópera *O Barbeiro de Sevilha*, de Gioachino Rossini. Aqui livremente traduzido e adaptado por Henrique Pizzolato.

A calúnia é como uma brisa, uma doce aura
Que, sem ser sentida, sutil vai,
Levemente e docemente...
Começando a sussurrar.

De mansinho... rente à terra,
bem silente vai sibilando
E vai correndo e acelerando,
E em remoinho zumbindo alto,
Nos ouvidos de toda a gente
Onde se introduz habilmente
E as cabeças e cérebros
Faz atordoar, faz estontear, faz inchar!

O ar da boca vai saindo
E o alvoroço vai crescendo
Ganha força pouco a pouco
E já voa de um lugar a outro
Lembra o trovão, a tempestade
Que no meio da floresta

Vai zunindo, reboando,
Que te faz de horror gelar!

E no fim transborda e estoura,
Se propaga e se redobra
E então produz uma explosão...

E como um tiro de canhão!
Explode em terremoto, em temporal,

E o pobre caluniado,
abatido, esmagado
Sob o público flagelo
Se tiver sorte há de morrer!
Sim, há de morrer!

Para assistir à ária, aponte para esse QR Code:

Apresentação

Esta é uma história de dedicação, algumas vitórias, muita luta e agonia; a história de um menino imigrante de terceira geração, vivendo em um ermo precário, de um adolescente seminarista franciscano, de um jovem idealista, de homem agregador e realizador que, devido à sua luta e por um capricho do destino acabou no epicentro de uma batalha encarniçada pelo poder central do país.

Ao se contrapor aos vendilhões do país, foi condenado por unanimidade, como em uma aclamação, à crucificação. E, por lutar pela soberania de seu povo, teve sua carne esquartejada, salgada e exposta publicamente e vê seus familiares sendo apenados conjuntamente. Ter os familiares apenados conjuntamente é algo que até então só havia acontecido no nosso país com Tiradentes.

Este é um texto forte e necessário, ajuda cabalmente a entender o que se fez com o Brasil para chegarmos ao estado de cinismo e ignomínia em que nos encontramos.

Aqui estão relatados fatos e opiniões. Todos os fatos, absolutamente todos, foram amplamente checados e estão fartamente documentados; quanto às opiniões, ainda que tenham sido selecionadas, nenhuma delas foi censurada, e ainda que possam, eventualmente, ferir alguma suscetibilidade, como tais são livres. E a democracia que ainda nos resta garante que possam ser contrapostas por pessoas citadas, e terão espaço garantido para serem divulgadas nas redes e na página oficial da editora, se assim desejar o contra argumentador.

Flagrantes erros judiciais foram cometidos e não podemos nos acovardar em apontá-los. Como confiamos na higidez das nossas instituições e do nosso judiciário, de que não se acovardará ante as evidências, nem tardará em reparar – como, aliás, vimos ocorrer recentemente – um eventual erro sucedido em seu seio. Antes, ao contrário, que este texto sirva de reflexão para que o amargo cálice de injustiça seja afastado das nossas autoridades e de nossos cidadãos.

Este livro resulta essencialmente de vinte entrevistas públicas realizadas por mim e pela jornalista Niobe Cunha, todas disponíveis no canal do YouTube da Kotter TV. Além das entrevistas públicas, foram necessárias outras conversas, principalmente no sentido de aclarar alguns pontos. Nosso trabalho, que contou com o apoio prestimoso da jornalista Sabrina Lehmann e do escritor Marcos Pamplona, consistiu em ajustar um ou outro aspecto, notadamente alterando o registro da fala para o registro escrito da língua, mas, tanto quanto nos foi possível, mantendo as falas originais. Neste sentido, o verdadeiro autor do livro, como se verá, é o próprio narrador. Como seria próprio de uma conversa, houve várias repetições de temas. E, visando manter o sabor da "escuta", mantivemo-las sempre que trazidas em contextos diferentes. Assim, se você se sentir ouvindo Henrique Pizzolato, teremos alcançado nosso objetivo.

Vale muito, ele tem algo importante a te dizer.

Salvio Kotter

Sumário

No princípio era o caos

Cachimbo é uma acanhada vila de Concórdia em Santa Catarina, a poucos quilômetros da cidade. Foi lá que nasci, em 1952. Logo depois meu pai se tornou professor em outra vila, próxima e um pouco maior, chamada Engenho Velho, e nos mudamos pra lá. Ele foi diretor desta escola e, ao mesmo tempo, para completar a renda familiar, mantinha um pequeno escritório de contabilidade, em associação com Mansueto Boff, o pai do frei Leonardo Boff.

Meu pai estudou na juventude em colégio de Padres Franciscanos, fato que o colocava numa posição de relativo destaque naquelas pequenas vilas, formadas basicamente por imigrantes. A nossa vila era povoada sobretudo por italianos, enquanto a vila mais próxima era povoada basicamente por imigrantes alemães.

As vilas se organizavam em torno de uma pequena escola e, acima de tudo, em torno de uma pequena igreja, sendo o padre sempre a liderança máxima do local. Por isso que o fato de ter estudado em colégio de padres conferia o prestígio que acabou favorecendo meu pai, viabilizando que se tornasse professor, bem como a ajudar contabilmente o pequeno comércio que existia no lugarejo, auxiliando com questões legais e burocráticas. Para atender a essa demanda que se juntaram o Mansueto Boff e o meu pai. E foi por este fato que, ainda na infância, conheci o Leonardo Boff. Na verdade, o conhecia como Genésio, que é o seu nome de batismo. Eu ainda era um molequinho quando ele já estava no seminário, e quando ele vinha à vila todo mundo o respeitava, porque ele já liderava as missas.

Foi nesse ambiente precário que transcorreu minha infância, sempre com muita dificuldade, em um lugar sem estradas pavimentadas, sem médico, sem luz elétrica... ainda que eventualmente o pessoal se reunisse em associação cooperativa para tentar ter um pouco de energia elétrica gerada localmente por um dínamo, mas que nunca funcionava bem. Não havia qualquer acesso à saúde. Se alguém ficasse doente era um desespero, sobretudo antes da chegada dos primeiros automóveis, porque era preciso vencer 30, 40, 50 km daquelas estradas de terra, de subidas e descidas íngremes para se ter algum atendimento. Na época da chuva, pelo barro que se acumulava, às vezes era impossível chegar a um socorro. Ainda assim, mesmo quando se chegava aos hospitais, nas mais das vezes, já era tarde.

As dificuldades advinham do isolamento daquelas regiões, e se multiplicavam na aridez da vida. Ali tudo se transmutava em desafio. A doída mortalidade entre jovens era também muito elevada. O Estado era ausente, quase que só se fazia sentir enquanto opressor e repressor.

Na época em que o fascismo na Itália e o Nazismo na Alemanha foram se tornando uma ameaça para o mundo, houve muita covardia contra aqueles imigrantes. Eu ouvia do meu avô histórias tristes das perseguições à época do Estado Novo de Getúlio Vargas, perseguição aos colonos italianos e alemães, com desapropriações das terras dos imigrantes, sob o pretexto de que eram ligados aos países do Eixo, contra os quais, na Segunda Guerra, o Brasil tinha enfim se posicionado.

Foi naquela época que começaram a se formar na região os conglomerados dos frigoríficos. O grupo Sadia estava se estruturando. Inclusive, o meu avô trabalhou nas primeiras unidades de montagem do frigorífico. Meu avô tinha imigrado da Itália, mais precisamente, do Vêneto, passando muita dificuldade. Depois de ter sido ferido na Primeira Guerra Mundial, ele aportou no Brasil em 1921, um ano antes de Mussolini fazer sua Marcha sobre Roma, que acabou o catapultando ao poder por mãos do próprio Imperador. A família de meu avô, naturalmente, sofreu muito com a primeira guerra: 17 membros de sua família foram mortos e a miséria que se estabeleceu era grande e crescente. Vir para o Brasil se apresentou como única alternativa à morte pela míngua.

Foi nesse contexto, enfrentando essas dificuldades, que minha família cresceu. Sou o segundo de seis irmãos: quatro mulheres e dois homens.

Sempre muito severo, como demandava a cultura do lugar, meu pai exigia sempre muito de mim. Sendo filho de professor, que fosse o melhor aluno da turma: eu tinha que ter as melhores notas, e ser exemplar em tudo. Sempre o mais observado, o mais cobrado.

No trabalho a gente começava desde muito cedo. Aprendia-se a andar e a trabalhar ao mesmo tempo. Esse era um dos valores mais férreos, porque os imigrantes tinham de enfrentar todos os desafios, nada a eles foi dado de graça. Ao contrário do que às vezes se ouve, quando chegavam ao Brasil, em condições absolutamente precárias, quando muito os imigrantes recebiam algumas sementes, ferramentas agrícolas primárias e tinham de se virar com isso.

O isolamento e a precariedade tornavam quase impossível aos habitantes dessas vilas o acesso a um modo de vida além do que aquele contexto rural permitia. As alternativas eram poucas, a vida era um funil. Para conseguir sair daquela vida você só tinha ou o colégio dos Padres, que era o Seminário, ou a carreira militar. E, neste caso, claro, para os postos da base: soldado, cabo no máximo.

Em virtude dos vínculos do meu pai com a igreja, advindos do fato de que ele tinha estudado em seminário, onde aprendeu inclusive francês e latim, e por influência do catolicismo da minha mãe, acabei sendo naturalmente direcionado para o Seminário. E tudo se encaminhou para que eu ingressasse em um seminário *Franciscano*. Isso possibilitou a minha saída do cerco daquele vilarejo, onde as opções eram nulas ou quase nulas.

Seminarista

Morei na vila que pertencia à Concórdia até os 12 anos de idade. Parti, logo que minha mãe faleceu, para Luzerna, a 80 km de Concórdia, para ingressar no seminário de lá. Aprendi muito nesse seminário, porque lá se estudava o dia todo, inclusive à noite, então se aprende o que as escolas não tinham como nos ensinar à época. Nas condições dos vilarejos em que cresci, o máximo que as escolas conseguiam era nos alfabetizar.

A minha ida para o seminário ajudou meu pai, porque diminuíram as bocas a alimentar e diminuiu as responsabilidades com o cuidado das crianças, que o sobrecarregava depois da morte da minha mãe. Um ano depois da minha ida para o seminário, foi a vez do meu irmão. Fomos, então, os dois homens da família para o Seminário, que representava a porta de acesso para um novo horizonte.

E o seminário te prepara para a vida. Acredito que devo ao seminário franciscano o fato de eu ter resistido a tantas bordoadas em função do mensalão e as demais bordoadas da vida, pois a primeira coisa que o seminário franciscano te ensina é a conviver. A segunda é a solidariedade. Ser franciscano é ser solidário, é repartir, é se adaptar. E a terceira é a disciplina, que te prepara para conviver em comunidade. Isso me ajudou muito em todos os momentos difíceis da minha vida. Além disso, naturalmente, tem a formação intelectual: aprende-se muito, de muitas disciplinas. Estudei grego, latim, inglês, e toda essa formação me qualificou e até hoje desfruto deste aprendizado.

Fiquei no seminário de Luzerna até os 17, ou 18 anos, sempre em regime de internato. Passadas todas as fases em Santa Catarina, fui para o seminário de Agudos, em São Paulo. Quando entrei, praticamente criança, fiquei muito encantado com aquela nova vida, toda aquela liturgia que é muito envolvente, já configurada para que a gente acredite. E fiquei encantado na época pela chegada da teologia da libertação.

É uma época em que se está cheio de indagações e, à medida em que fui me formando, aquelas interrogações foram se fortalecendo dentro dos nossos grupos. Fui fazendo amizades, lendo, fui me aprofundando... Aí veio o Concílio Vaticano Segundo, que influenciou em tudo e aumentou as interrogações, as questões me fazia.

Com o passar do tempo, dos estudos e das indagações, comecei a me perguntar sobre o meu papel no mundo enquanto franciscano. Ao estudar a vida de São Francisco, as opções que ele fez, não tem como não perceber que algo no seminário está fora da ordem franciscana e, no auge desse desassossego aconteceu na III Conferência Geral do Episcopado Latino-americano de Puebla: a opção pelos pobres. Aí eu me perguntava: o que estamos fazendo aqui? Vivo uma opção pelos pobres ou por uma vida mais fácil?

Eu não era o único incomodado com aquilo, questionávamos incessantemente por que vida era aquela: a gente se dizia franciscano, com voto de pobreza, obediência e castidade; a gente se achava herdeiro e enviado de Cristo, mas, ao mesmo tempo, a gente via nos bairros operários a população marginalizada, em situação muito difícil, precária. E aí, como é próprio da adolescência e da juventude as indagações se multiplicavam: qual é nosso papel como missionários? É salvar a alma ou salvar os seres humanos? Isso suscitou muitos debates, algumas divisões, a ponto de a gente pedir para ir morar em bairros operários, para conviver, e só depois voltar a estudar, a frequentar as aulas e a formação no seminário. E acabou sendo aceito que a gente fizesse uma experiência fora do seminário. Porém, à medida que foram mudando os dirigentes dos colégios, eles começam a achar que esse afastamento não era bom, que a gente iria acabar se isolando do convívio fraterno e coletivo.

Resultou que a gente teve que fazer uma escolha. No meu caso, eu disse que precisaria de um tempo. Não é que eu quisesse abandonar o seminário, mas eu não queria ser padre naquele estilo, não me sentia autêntico naquela vida. Então eu saí do seminário e voltei para a casa da minha família.

Na sequência saí à procura de trabalho. Meu pai tinha uma pequena propriedade, mas que não dava para sustentar a família. Ele já havia casado novamente, inclusive já havia tido um filho com a minha madrasta.

Minhas indagações continuaram, mais, se multiplicaram com meu retorno àquela comunidade. As leituras que eu fazia, as amizades que fui construindo, tudo foi se concatenando. Então comecei a dizer para mim mesmo: meu Deus, aqui as pessoas nascem com o destino marcado, que é o de trabalhar, trabalhar, ficar doente e morrer.

Vi muitas vezes os familiares, os amigos, a vizinhança ir a um velório abraçar a família do morto, chorar e dizer: "coitado, esse não aproveitou nada da vida!". Era tudo que eu assistia naqueles velórios tristes, com pessoas que depois se cobriam de preto por todo um ano, em sinal de luto. E aí comecei a me perguntar: se essas pessoas não aproveitaram nada da vida, quem é que aproveitou? Quem é que está aproveitando? Porque elas, afinal, trabalharam a vida inteira! Levaram uma vida árdua, tiveram doenças pulmonares, se acidentaram, foram feridas por animais, feridas no trabalho, se alimentaram mal, não tiveram cuidados, tiveram seus sonhos castrados, para se sujeitarem àquela condição de vida, inclusive porque a igreja dizia "Sofre! Sofre, que você vai para o céu!".

E as perguntas continuavam a me fustigar: "precisamos salvar a alma ou o ser humano?"; "Deus é contra as pessoas viverem bem?"; "Se essas pessoas não aproveitaram nada, quem foi que aproveitou?" E aí... as coisas começavam a ficar mais claras: "tem alguém aproveitando: o dono da Sadia! É ele quem está ficando trilionário, que está comprando aviões, mansões, fábricas...". E dizia de mim para mim: "Se o nono, meu avô, perdeu irmãos na guerra, perdeu outros parentes, não ganharam nada nem ele nem os que morreram, tudo porque havia um rei maluco que os colocou atolados no meio do barro e do frio, e quando enfim terminou a guerra, disse: 'se você não quiser morrer de fome, vá para outro local'. E aí eles vêm para cá e são submetidos às maiores humilhações e sacrifícios..., então tem alguma coisa errada nesse ciclo".

Eu me identificava com aquele sofrimento, porque sou filho de sem-terra da Itália, sem-terra no Brasil e, para completar, tinha a questão religiosa, a opção preferencial pelos pobres, então aquilo foi orientando minhas reflexões e decisões.

Tempo de concursos e provações

Naquele contexto de indagação sobre aquela situação, de dificuldade financeira do meu pai, e de premência de arrumar um trabalho para mim, eu me inscrevi para um concurso aberto na prefeitura, que acabou se tornando meu primeiro emprego. Claro que a formação do seminário me ajudou muito, foi decisiva. Acabei sendo o único aprovado no concurso, graças aos aprendizados de matemática mais avançada no seminário, como equações de segundo grau e trigonometria que as outras pessoas que participaram do concurso não haviam aprendido, porque esses conteúdos não faziam parte dos currículos das escolas do local.

A oportunidade de fazer concurso para o Banco do Brasil veio na sequência, e novamente minha formação no seminário foi decisiva para minha aprovação. Fui aprovado e tomei posse em 1974. Logo que tomei posse, acabei convocado para o serviço militar. O banco me deu um ano de licença para que eu pudesse prestar o serviço militar nos quartéis de Brasília, integrando a guarda presidencial. Depois de cumprir o serviço militar, retomei o meu posto no Banco do Brasil e pedi transferência para São Leopoldo, porque havia passado no vestibular para arquitetura na Unisinos.

Arquitetura e sindicalismo

Com as indagações, reflexões e leituras que eu fazia, a ida para o sindicato foi um caminho natural. E aí uma nova batalha começava, que é enfrentar as velhas lideranças na luta sindical, o peleguismo dos dirigentes do meu sindicato naquela época. Não me esqueço de quando fui me filiar ao sindicato. O presidente do sindicato me olhou e começou a fazer perguntas: se eu queria dentista, se eu queria isso, se queria aquilo. Respondi que o que eu queria era me filiar ao sindicato. Eles tinham medo, porque havia uma patotinha no sindicato de São Leopoldo, que era a terra do então Ministro do Trabalho, o Arnaldo Pietro, que cultivava toda aquela pelegada. Alguns até tinham sido vinculados ao Partido Comunista, mas depois tinham se acomodado. Eles tinham medo, porque quem se filiava ao sindicato passava a ter direito a voto. Então, quanto menos filiados tivesse o sindicato, mais fácil para continuar controlando as eleições internamente.

Na época em que me filiei, em 1976, o peleguismo, o clientelismo, ainda tomavam conta do sindicato. Mas já havia um ambiente de efervescência. Com muitos bancários estudando na universidade, havia circulação de informação, a gente xerocava livros, conseguia contatos...

Comecei a resgatar algumas histórias de parentes que tinham ficado na Itália durante a Segunda Guerra e que tiveram que enfrentar o fascismo e o nazismo, que lutaram entre os *partigiani*. Com isso fui me identificando cada vez mais, sentindo como que aquela visão de mundo estivesse na minha genética. Começamos então a organizar as oposições sindicais. E aí é impressionante, porque nós tomávamos conta das assembleias e fazíamos arrecadação de contribuição voluntária. E quando chegava a época de preparação para a campanha da data-base, que era 28 de agosto, a gente começava alguns meses antes a organizar núcleos de bancários e já fazendo contato com outras categorias também, porque era uma efervescência.

Essa atividade, junto com o fato de eu ter vínculos com a igreja, me permitiu ficar conhecendo muita gente, inclusive gente importante na época e gente que se tornou importante depois. Lembro-me de que foi nesse período que conheci o Miguel Rossetto, que trabalhava no Polo Petroquímico, conheci o Ronaldo Zülke, Odacir Klein, Alceu Colares, já havia conhecido o Olívio Dutra, o José Fortunati. Um tempo depois eu viria a conhecer o João Pedro Stédile e os metalúrgicos. Parecia que tudo convergia. E, ao mesmo tempo, tinha muitos amigos artistas, existia uma espécie de atração simbiótica para isso.

Nesse período, os dirigentes sindicais, na sua maioria, queriam fazer aquela famosa negociação de gabinete, de bastidores, assinar um acordo coletivo, receber o imposto sindical e ir levando o sindicato assim. Então, o que a gente fazia? A gente ia para as assembleias e conseguia aprovar, ganhar as votações e, com isso, corroíamos o poder do presidente do sindicato. A gente criava os comandos: comando de greve, comando de campanha salarial e ganhava de lavada... era noventa por cento dos votos. E o presidente do sindicato dançava em chapa quente. Eu nunca esqueço uma vez que ele perdeu todas as votações. Aí ele se irritou e tirou o sapato e começou a bater em cima da mesa. Isso porque ele levava puxões de orelha do delegado do trabalho. Fato é que em pouco tempo a gente montou chapa de oposição e... ganhou o sindicato.

Essa luta sindical naturalmente convergia com minha atuação na universidade, onde passei a integrar a pastoral da universidade. Nessa época o Raul Ponte e o Antônio Hohlfeldt eram professores da universidade. Por essa época também começavam as movimentações em favor da anistia, pela volta do Brizola e do Prestes. Fazíamos reuniões no sindicato, que era um ativo propulsor desse movimento. Inclusive, a Dilma estava numa dessas reuniões. Nesse período, a gente começou então a fazer greves para ter direito ao DCE, e foi aí que a gente descobriu que havia agentes do SNI infiltrados..., eram lutas intermináveis.

Uma das grandes dificuldades que muitos estudantes de baixa renda tinham era a de moradia. Começamos uma luta para a construção de uma casa do estudante universitário para a Unisinos. Nesse ínterim, a gente organizou um grupo de estudantes de vários departamentos e decidiu organizar uma república de estudantes, que era uma habitação compartilhada entre estudantes dos mais diversos cursos. Essa era uma forma de intercâmbio e de nos organizarmos para conquistar o que a gente sonhava e queria que a universidade fizesse. Era a briga contra a reforma do ensino, a departamentalização, a lei 5692 e todas aquelas interferências da ditadura militar na educação do Brasil e que segue tristemente até hoje. Disso surgiu o projeto *Mãos à Obra*, sobre o qual escrevi um livro.

Esse projeto era voltado para tentar aproximar a universidade das demandas da sociedade. E a gente começou a buscar experiências nesse sentido. Realizamos uma greve muito forte na Unisinos, reivindicando que nós tínhamos que aproximar a teoria da demanda social. Os professores davam como trabalho para os estudantes de arquitetura e urbanismo construir aeroportos, centros comerciais e todas aquelas coisas faustas e fantasiosas. Passamos a reivindicar que trabalhássemos a série de problemas urbanos e sociais que, a nosso ver, um estudante de arquitetura e urbanismo deveria conhecer e estar preparado para enfrentar. Reivindicamos trabalhar com a realidade dos bairros e das periferias, onde havia centenas de milhares de pessoas sem casa, morando de forma precária, em acampamentos. Insistimos e eles aceitaram.

Acabei sendo indicado como representante dos estudantes no conselho universitário. Aí então o tema de trabalho do semestre foi vinculado à realidade. A gente foi para uma região limítrofe dos municípios de São Leopoldo e Novo Hamburgo, uma região alagadiça, vitimada pelas enchentes do Rio dos Sinos. E era uma região de ocupação, de migrantes do campo que vieram em busca de emprego, fugindo da miséria e em busca da luz elétrica ou de condições de saúde, mas que não encontraram emprego. Estavam jogados, mais ou menos como na Vila Pinto e na Vila Sapo de Curitiba. Eram mais de 500 famílias nessa situação, pessoas que vieram da região de Palmeira das Missões, das regiões longínquas do Rio Grande do Sul, expulsas pela nova agricultura e ninguém fazia nada. Conseguimos que a universidade aceitasse que o trabalho acadêmico fosse realizado em cima daquela realidade, buscando soluções.

Cadastramos 572 famílias que viviam lá, em situação extremamente precária. Fomos conseguindo adesões com agilidade e o movimento cresceu rápido.

Enfrentamos muitas dificuldades, convencer os proprietários daquela área a vendê-la foi uma delas, ajustar o plano diretor do município, que não previa cooperativas residenciais, mas apenas loteamentos foi outra luta grande. Mas fomos vencendo as dificuldades. Graças à atuação do Padre Roque e de um procurador, conseguimos o registro de uma cooperativa de prestação de serviços urbanos. A cooperativa abrangia a posse da terra, a construção da casa, os serviços de consumo e a cooperativa de trabalho. Era, então, um misto de cooperativa habitacional, cooperativa de produção, cooperativa de consumo, cooperativa agrária e cooperativa de trabalho. Com isso, cada família passou a ter 572 avos da região. E cada cooperado pagaria dez por cento de sua remuneração, na medida das suas possibilidades, o que assegurou o pagamento do terreno. E como aprendi no todo desse processo!

Nesse ínterim, a Assembleia Legislativa do Estado do Rio Grande do Sul começou a se abrir um pouco para experiências alternativas e comunitárias. Criaram, inclusive, uma comissão especial de alternativas comunitárias, e me indicaram como coordenador. O presidente era vinculado à presidência da Assembleia Legislativa. A presidência estava nas mãos do PDT, o presidente era o Renan Kurtz Pereira, e a gente com isso foi organizando mais encontros e aglutinando mais gente.

Os sindicatos e os movimentos populares eram os pontos de convergência. E essa experiência da Vila Santo Afonso foi materializada. Hoje ela está bastante mudada, desviou das funções pela falta de uma atenção especial pela continuidade da iniciativa, e de apoio às propostas alternativas.

Paraná

Mudei para o Paraná em 1986. Eu já vivia com a Andrea e nos mudamos os dois para Toledo.

Minha turma de faculdade formou-se numa experiência de vida e repúblicas em comunidades de muita politização. Quando nos formamos, tínhamos consciência de que éramos um grupo privilegiado, por ter tido acesso a um curso superior e ao domínio de tecnologias que eram, e ainda são, privilégio de uma minoria. Não queríamos transformar aquilo tão-somente num caça-níquel para nós. Começamos um debate sobre como poderíamos pôr em prática todo aquele nosso conhecimento e experiência. Na época, claro que meus pais queriam que eu trabalhasse, usufruindo do meu título universitário, para ganhar dinheiro, mas nós não: nós tínhamos um compromisso social, não podíamos transformar essa espécie de privilégio que era um diploma de curso superior, tão-somente, em uma maneira de nos beneficiar financeiramente.

Dentro dessas conversas e debates, Andrea e eu decidimos buscar um local onde pudéssemos ser mais úteis, onde a gente pudesse colocar a nossa formação profissional a serviço das pessoas que eram carentes, onde o Estado estivesse ausente. E aí, nesse turbilhão de discussões, acabamos nos interessando por Toledo, no Paraná. À época, Toledo se destacou muito, porque havia se iniciado, ainda no período do governo José Richa, uma série de experiências comunitárias alternativas, empresas comunitárias, um processo de industrialização comunitária, e o então prefeito de Toledo, Albino Corazza, na época ainda do PMDB, mesmo partido do José Richa, coordenou um grupo reunindo um pessoal mais progressista.

Além do mais, eu tinha parentes em Toledo, inclusive uma irmã, o que facilitava tudo. O trabalho do prefeito Corazza tinha muito a ver com o trabalho que a gente tinha feito no Rio Grande do Sul e com a experiência que eu tinha coordenado na Assembleia Legislativa, de uma comissão especial para experiências alternativas e comunitárias. Foi dentro desse contexto que a gente decidiu mudar para Toledo.

Situada no Oeste do Paraná, Toledo fica numa região de colonização praticamente de descendentes de imigrantes de segunda geração alemães e italianos e que tinham se deslocado do Rio Grande do Sul e de Santa Catarina, pela escassez de terras nesses lugares.

E, por ser funcionário do Banco do Brasil, eu tinha certa mobilidade, era fácil obter uma transferência para Toledo. A cidade vivia uma pujança no ramo de alimentos, e havia uma industrialização promissora e potente, como é o caso da Sadia, que tinha uma das filiais lá, a Frigobrás. E, depois que essa experiência que havia se iniciado, uma dezena de pequenas empresas comunitárias implantaram processos de industrialização também em outras áreas, como curtume, fábricas de calçados, doces, alimentos e móveis.

Havia cooperativismo em Toledo, mas o cooperativismo que vigorava lá, que havia durante o regime militar, era aquele em que as cooperativas eram monopolizadas por um grupo restrito, da elite, e os restantes cooperados aderiam pela necessidade e por pequenas vantagens, mas quem acabava sempre se beneficiando mesmo era aquele pequeno grupo de dirigentes. Isso transformava as cooperativas mais em empresas de capital associativo, no qual aquele pequeno grupo de gestores tinha acesso a benefícios fiscais, de crédito e assim por diante.

Esse poder econômico do grupo reverberava também politicamente. Aquele controle das cooperativas funcionava como um trampolim político, e a carreira política, por sua vez, era também uma forma de manter aquele poder nas mãos do mesmo grupo. Em Toledo o pessoal dizia que quem mandava na cidade era a Sadia e a Coopagro, que era a cooperativa. Claro que esses dois grupos jogavam juntos e praticamente sozinhos.

O local onde viviam os operários da Sadia, popularmente chamado de Vila Brasil, era separado da cidade por um rio. O nome real era Vila Pioneira, mas era chamado de Vila Brasil, conotando que era onde moravam os brasileiros, os de segunda classe, que não podiam se misturar com a elite de ascendência europeia. O rio funcionava como uma divisão natural, lembrando a idade média. Era essa a cabeça das pessoas, funcionava assim e assim funciona até hoje. São os resquícios da mentalidade escravocrata, e sobrevivem hoje no bolsonarismo, na ideia da raça superior, dos que têm mais direitos e mandam, não se permitindo misturarem-se com serviçais. Isso era nítido nessa região.

Toledo

O Banco do Brasil aprovou minha transferência, assim como a de outro colega, o Vitalino. Partimos para Toledo. Lá, minha irmã e meu cunhado tinham um apartamentozinho financiado pelo BNH, do qual eles haviam acabado de se mudar, porque tinham construído uma casa. Eles disseram para a gente morar lá e pagar o valor da prestação como aluguel.

Logo a gente percebeu que a terra era bravia. No banco, quando a gente chegou, sentia o rumor pelos corredores, como que diz "chegaram os vermelhinhos". E logo a gente descobriu que a cidade tinha dono e que o pessoal do banco queria ficar do lado dos donos da cidade, na cultura do puxa-saquismo, que era e é a cultura predominante. Foi nesse ambiente que começamos a dar os primeiros passos, começamos a procurar algumas pessoas que nos haviam sido indicadas, ou das quais tínhamos ouvido falar. Havia lá um núcleo do Partido Comunista, que tinha saído da clandestinidade, tinha um advogado trabalhista, tinha um professor, o Egídio Ferreira, que, inclusive, mais tarde foi orientador do Fachin, hoje Ministro do Supremo.

O pessoal do Partido Comunista era um grupo pequeno, umas cinco ou seis pessoas. A sociedade como um todo era militarista, concentradora e naquela terra passarinho não piava.

Nossa primeira iniciativa foi organizar um sindicato, pois não havia Sindicato dos Bancários lá, apenas uma base de um sindicato de Cascavel, que preservava resquícios da cultura dos pelegos. E a organização de um sindicato envolve bastante burocracia, porque você tem que organizar primeiro uma associação, com um número mínimo de filiados. À medida que fomos nos integrando, fomos percebendo que havia muita gente que estava submissa, mas sufocando seu grande grito de liberdade. Então, apesar da burocracia e da dificuldade, a adesão foi rápida. E fomos avançando, chamando as pessoas, ampliando os contatos.

O PT já havia sido fundado lá, mas por um grupo que eles chamavam de "boia-fria", pessoas sem capital político, o que acarretava dificuldade. Aí apoiamos esse grupo para buscar reconstruir o partido.

A gente passa a ter apoio da Igreja Católica, não tanto a local, mas a de outros lugares, e aí os contatos começam a se proliferar, inclusive com grupos e movimentos de outras cidades, como a de Curitiba, as pastorais – a Pastoral da Terra, a Pastoral Operária – e em pouco tempo já estávamos envolvidos em tudo quanto era movimento, e passou a existir uma série de núcleos de organização já com sindicatos e associações.

No final acabamos criando 32 sindicatos na região e um Centro de Formação, onde dávamos cursos de formação para movimentos populares e sindicatos, inclusive apoiados pelos luteranos, que tinham uma visão mais progressista. Havia vários pastores de uma diocese luterana em Toledo, que tinham vindo do Instituto Sinodal do Vale do Rio dos Sinos e que aderiram ao nosso trabalho. Eles nos estimulavam e ajudavam fortemente.

Aliás, logo que a Luísa Erundina venceu as eleições para a prefeitura de São Paulo, em 1988, o movimento de mulheres organizou um Encontro Estadual de Mulheres no dia oito de março, e convidamos a

Luísa Erundina para participar. Ela topou. A gente fez uma vaquinha, comprou a passagem e ela veio para Toledo participar do Encontro. Na época, o Sindicato dos Bancários já estava estruturado. Pois foi tanta gente que quis ver a Erundina, que tivemos que alugar um ginásio de esporte para recebê-la. Depois da fala da Erundina, as pessoas saíram em caminhada pelas ruas da cidade. É inimaginável o assombro que aquilo representava para aquela elite provinciana de Toledo. Imagine, as mulheres buscando seus direitos?

Era uma elite retrógrada e, claro, ligada às esferas de poder e ao aparato público. Judiciário, polícia, estavam todos vinculados a essa elite. Então as pessoas eram muito maltratadas, a repressão era desavergonhada. Para se ter uma ideia, durante uma greve, os caras deram rajadas de tiros contra o sindicato. Quebraram todos os vidros, estragaram a máquina de escrever à bala. Era essa turma bolsonarista em ação, que passou um tempo encolhida e agora, depois do golpe de 16, reapareceu.

A gente tentou tomar o sindicato da alimentação, em que a Sadia mandava e asfixiava toda oposição. O pessoal da Sadia ficou sabendo e demitiu todos os funcionários envolvidos, até os próprios parentes de diretores. Foram mais de cem demissões em um único dia.

Aí fizeram uma lambança, contrataram um espião para dedurar quem participava das reuniões e, depois do serviço prestado, não o pagaram. O espião os delatou, chegou a sair a notícia nos jornais de Londrina. O mais irônico foi que o espião era um policial aposentado, um cabo chamado Anselmo. E, como as pessoas conheciam a história do cabo Anselmo, virou a maior piada.

Ele acabou procurando um advogado do partidão para entrar com uma ação trabalhista contra a Sadia por causa do calote que levou. E aí, de raiva, ele nos contou tudo.

CUT

Neste período eu fui presidente do Sindicato dos Bancários. Na sequência a gente se filiou à CUT, e aí começamos o trabalho de organização da CUT no Estado do Paraná. Então fui eleito secretário de organização da CUT por um período curto, e na sequência já me elegeram presidente da CUT Paraná. E, como nos filiamos à Federação dos Bancários, eu fui Conselheiro da Federação dos Bancários. E, pelo PT, fui candidato a prefeito de Toledo em 1988. Éramos quatro candidatos e acabei em terceiro lugar, ao conquistar 1.851 de 39.752 dos votos válidos, um pouco menos de 5%.

*

Permita-me, caro leitor, uma digressão. No dia 17 de agosto de 2021 me devolveram o meu passaporte. Foi como se alguém quebrasse as pernas de uma pessoa e depois lhe desse uma cadeira de rodas para parecer generoso. O meu direito de ir e vir e, portanto, de ter um passaporte, existia desde o ano de 2017. Em 21 de dezembro de 2017, foi promulgado, pelo presidente da República, o Decreto de indulto ao qual eu fazia jus. O decreto, que inclusive foi referendado pelo STF, prevê extinção da pena privativa de liberdade e da multa. Mas o ministro Luiz Roberto Barroso retarda o cumprimento do decreto, e quer fazer-se de magnânimo por me restituir algo que, afinal, a se observar o rito do devido processo legal, sequer deveria ter sido retirado. E, ao devolver o passaporte, cumpre, com todo esse atraso, apenas parcialmente o decreto, pois determina, contrariando o decreto, que a pena só seja extinta quando eu quitar a multa. Comete duas ilegalidades, pois mantém a pena de multa extinta pelo decreto, além de descontá-la da minha aposentadoria, o que em si é ilegal. A aposentadoria é legalmente categorizada como meio de sobrevivência, que, portanto, não pode ser alienado. Aliás, o decreto estipula o cumprimento de um quinto da pena de prisão como condição para o indulto. Ora, visto que cumpri um terço, cumpri praticamente o dobro do tempo estipulado. E a multa é absolutamente desproporcional ao patrimônio do apenado, o que infringe frontalmente a legislação. Além disso, eles tiveram acesso à minha declaração de IR, pois quebraram meu sigilo fiscal e bancário, estimaram, portanto, meu patrimônio. Mas, mesmo assim, me impuseram uma multa três vezes maior que meu patrimônio, algo igualmente ilegal.

Ao perpetrar essa ilegalidade, me impuseram uma pena perpétua, o que é inconstitucional, além de ferir acordos internacionais assinados pelo Brasil. As consequências disso vão além da perversidade porque, no Brasil, quem está cumprindo pena não tem direitos políticos, o que significa que não pode votar nem ser votado. Portanto, um dos resultados dessa pena perpétua é retirar a pessoa da luta política. O efeito disso é que o judiciário acaba por invadir as prerrogativas do Legislativo.

A manutenção da pena impede qualquer apenado de fazer concursos públicos, de ter direitos políticos, de viajar para o exterior, além de obviamente restringir seu acesso ao mercado de trabalho em geral. Uma situação dessas, além de perversa, não interessa à sociedade brasileira, porque produz uma jurisprudência que acaba por atingir uma grande parcela da população, restringindo, notadamente para o caso dos mais vulneráveis, o direito de conseguir meios de sobrevivência de forma legal.

Acrescente-se que o Ministério Público Federal chegou a pedir que, se eu não tivesse como pagar a multa, ela fosse estendida a meus familiares, o que é duplamente ilegal. Segundo a lei, a multa tem que ser proporcional ao patrimônio do apenado, e é interdito, por absurdo, punir familiares. Na História do Brasil só há um caso em que a pena foi estendida aos familiares, que foi no caso do Tiradentes. É um dado que fala por si.

Fiz várias denúncias de tudo o que testemunhei e sofri enquanto estive preso: a tortura de manter a pessoa presa depois de já cumprida a pena, a violência, os maus tratos infligidos aos presos, os ratos que inundam a Papuda devido ao descaso da gestão da prisão com a higiene. Denunciei a médica que exigia que os pacientes se mantivessem a uma distância de três metros dela, e que dava laxante para as pessoas enquanto se ria do efeito que causava neles. Tudo isso eu denunciei, já em 2017, ao Conselho Nacional de Justiça (CNJ), ao Conselho Penitenciário, ao Ministério da Justiça, ao Conselho Nacional do Ministério Público (CNMP), às Comissões de Direitos Humanos (CDH), assim como à Câmara dos Deputados e ao Senado Federal, à Embaixada da Itália, à CDH do Governo do Distrito Federal (GDF), à CDH nacional. Tenho cópia com carimbo de todas essas denúncias. Mas a única instituição que me respondeu, e é fato notório, foi a Embaixada da Itália.

Candidato a governador do Paraná

Fui candidato a governador do Paraná em 1990, foi a segunda e última vez que concorri a um cargo político. Havíamos vivido na década de oitenta o ocaso da ditadura, e nessa época estabeleceu-se como que uma diretriz na esquerda do Paraná: formação de novos quadros. Todos nos empenhamos nisso, desde os companheiros do Sindicato às lideranças que surgiam no movimento de mulheres, movimento sem terra, associações de bairros, oposições sindicais...

Criamos, inclusive, com apoio da Igreja Luterana, um Centro de Formação, que oferecia cursos e treinamentos, e passamos a participar de encontros de formação, de iniciativas para firmar convênios à época com entidades de Curitiba, de Cascavel, de São Paulo, do Cajamar... Isso nos permitiu arregimentar as pessoas e assim multiplicar as entidades e até constituir sindicatos e associações. Foram criados mais de trinta sindicatos e associações na região. Criamos até mesmo uma Regional da CUT, além dos vários diretórios do PT que a gente foi fundando, ou ajudando os companheiros que já haviam tomado a iniciativa, a fundar.

Participei do Sindicato dos Bancários, da Federação dos Bancários, da CUT Regional, CUT Estadual, fui Diretor Nacional do DIEESE, com o Walter Barelli, e integrei o Centro de Formação. Participava como apoiador de várias entidades, muitas das quais como conselheiro. Meu maior engajamento era com a CUT, já que fui presidente da CUT Paraná por dois mandatos de dois anos cada. Presidi também o Sindicato dos Bancários.

Na Federação dos Bancários e no Centro de Formação, eu participava como conselheiro, além de participar dos coletivos das pastorais. Enfim, efetivamente, eu participava das executivas de três entidades. Foi por essa época que conseguimos dar musculatura para a CUT.

Aos poucos fomos organizando regionais, conseguimos compor em cada uma delas a diretoria, comissões, e fomos filiando sindicatos. Então a CUT começou a funcionar com uma estrutura jurídica organizada, com congressos, eventos, bastante atividade de formação, muitos cursos de treinamento, atividades de formação jurídica, assessoria Jurídica... era um reinício. Para viabilizar cursos firmamos convênios com a Universidade Federal do Paraná, a Universidade Estadual de Londrina e a de Maringá.

Nessa época, no início da minha atuação na CUT, mantive meu expediente normal no banco. Depois foi feito o acordo coletivo de trabalho com o sindicato, que previa a chamada liberação, que era a dispensa de parte das horas de trabalho para cumprir o trabalho no sindicato. A gente assinava o ponto no banco, mas cumpria parte do horário no sindicato.

Aí o Collor se tornou presidente e cortou tudo isso, e a gente passou a poder dedicar ao sindicato somente as horas livres, quer dizer, os finais de semana, as férias e o horário fora do expediente.

Ao longo da minha atuação sindical, percorri o Paraná inteiro, o que me tornou bastante conhecido no meio dos trabalhadores paranaenses. Mas já tinha também participado da coordenação do Fórum Nacional de Funcionários de Estatais durante a Constituinte de 1987, o que me tornou um pouco conhecido nacionalmente no meio progressista.

Visando a Constituinte, houve uma grande discussão sobre a necessidade de termos nomes progressistas no Congresso, e o meu nome foi um dos cogitados, juntamente com os nomes do Paulo Bernardo, do Tadeu Veneri, do Rui Simão Paz, entre outros. O Banestado apresentou o nome do Ângelo Vanhoni. Enfim, havia vários nomes.

Foi nesse contexto que também se começou a discutir nomes para candidatura ao governo do Estado. Alguns nomes despontavam, como os do Klaus Germer, Edésio Passos, Gilberto Carvalho, Emmanuel Appel, Pedro Tonelli (que era deputado estadual, aliás, o primeiro e único deputado estadual do PT nessa época, e estava fazendo um excelente mandato).

Passou-se a cogitar que era preciso apresentar lideranças novas, perfis mais identificados com os trabalhadores, pois até aquele momento as candidaturas giravam muito em torno de intelectuais, professores, como o caso do Appel, advogados, como o Edésio. Ganhou corpo a tese de que o candidato do PT no Paraná teria que ser alguém mais chão-de-fábrica, mais peão de trecho. Foi aí que meu nome foi ganhando preferência, porque passou a haver um consenso de que eu, que era então presidente da CUT, me ajustava àquele perfil.

Fiquei surpreso, porque eu não me imaginava naquele momento candidato a governador. Cogitava, no máximo, alguma candidatura proporcional. E a ideia foi ganhando fôlego, embora todos soubéssemos que seria uma candidatura para o sacrifício, porque como adversários eu tinha o José Richa, que já havia sido governador, o José Carlos Martinez, que era o homem forte do Collor, e o Roberto Requião, que tinha sido prefeito de Curitiba e era apoiado pelo governador da época, o Álvaro Dias. Foi Requião, aliás, quem acabou vencendo aquelas eleições de 1990. A candidatura me preocupava, mas o Cláudio Ribeiro, que era o guru mais experiente, me tranquilizou, ele me disse: "Coragem, vamos construir o partido. Você não tem nenhuma obrigação de ganhar a eleição, todo mundo sabe que é um páreo complicado, mas é importante a gente entrar na disputa". Então a Andrea acabou se engajando e finalmente eu disse: "Vamos lá, vamos enfrentar essa briga".

Um grande companheiro vinculado à igreja Pastoral, o José Dari Klein, disse que iria me ajudar, assumindo os eventos, a agenda. Eu não tinha carro, não tinha recursos, não tinha nada, mas o Cláudio Ribeiro disse que tinha um carro e o iria me emprestar para que pudéssemos percorrer o Estado. Assim, com todas essas limitações, toda essa precariedade, nós encaramos o pleito, na raça e na coragem. E fomos surpreendidos com uma votação muito maior do que a esperada. Elegemos três deputados federais – e não tínhamos nenhum deputado federal até então – e cinco estaduais. Eu rompi a barreira dos dois a três por cento, e obtive 6,3 por cento do total de votos no Paraná. O Lula veio ao Paraná e disse que o estado foi a grande surpresa das eleições. Fiquei em quarto lugar.

Houve um fato inusitado durante a campanha quando eu estava me preparando para o debate na Globo, e o pessoal me disse que eu tinha que ir de terno e gravata. Começou uma grande discussão, uns falavam que não precisava, porque eu era trabalhador, mas acabou prevalecendo a opinião de que eu tinha mesmo que ir de terno e gravata. Só que eu não tinha nem terno nem gravata, então foi um rebuliço. A Elsa, que era do Sindicato dos Jornalistas na Globo, disse que ia tentar ver se conseguia um terno do marido, o Carlão. E o Carlão, que era um fotógrafo, foi lá na Globo levar o terno e me disse: "Veste, vamos ver se serve". Serviu mais ou menos, e assim fui ao debate com o terno do Carlão.

A certa altura do debate o Requião quis me usar como escadinha para atacar o Richa. Perguntou o que eu faria como Governador em relação a um ex-governador que tinha três, quatro aposentadorias. Perguntei por que ele não fazia a pergunta ao próprio Richa. Estava com medo? E completei: "Até pouco tempo atrás vocês eram do mesmo partido, Requião, você se elegeu prefeito com ele e agora quer me usar para atacá-lo?". O Jaime Lerner me abordou no intervalo do debate, bateu nas minhas costas e disse: "Olha, Pizzolato, se você der mais uma resposta dessas pro Requião você tem o meu voto!".

Tenho boas recordações e me emociono com esse período. O jornalista Mário Milani, que foi quem bolou o gesto da mão em forma de "L" de Lula, ajudava muito, era uma figura sensacional, delicado, um militante abnegado.

Nosso desempenho foi melhor do que o esperado, e meus votos foram comemorados pelo partido, pois foi uma campanha que nos permitiu sair de zero deputados federais e um estadual, para os três deputados federais e cinco estaduais, alguns deles muito bem votados.

Logo depois da campanha a governador, tive que voltar a fazer expediente no banco, porque o Collor havia cortado as prerrogativas para os sindicalistas. Eu precisava começar a trabalhar muito cedo no banco para sobrar tempo, no final do expediente, para me dedicar ao trabalho sindical e à militância.

A Andrea foi fazendo seus projetos arquitetônicos, tanto que muitas casas em Toledo acabaram ficando com certo estilo marcado. Foram mais de 140 projetos. Fazíamos o trabalho para os ricos, claro, mas também para as pessoas humildes, que precisavam regularizar o terreno, por exemplo. Encaminhávamos tudo junto à prefeitura.

No Conselho de Administração do BB

Neste período, quando o banco apresentava os balanços contábeis, eles eram contestados pelos sindicatos, que não acreditavam nos números, diziam que os dados estavam distorcidos. Por causa disso pairava sempre a ameaça de greve. No início do governo Sarney o banco propôs à categoria que ela tivesse um representante para acompanhar o levantamento dos números. A categoria aceitou e então o banco criou um assento para que um dos funcionários fizesse parte do Conselho de Administração e acompanhasse a diretoria do banco nos levantamentos dos números, e funcionasse como um fiscal dos funcionários, para se certificar de que o banco não mexeria na contabilidade.

O banco alegou que não poderia ser qualquer bancário a desempenhar esse papel, porque ainda havia ainda muitas viúvas da ditadura que não aceitavam a militância de esquerda. Então propuseram fazer um colégio eleitoral: elegeram um bancário no qual ninguém confiava, e, claro, não funcionou. Aí, quando houve a deposição do Collor, eles acabaram cedendo e montaram uma comissão para organizar uma eleição. A discussão passou a ser sobre a operacionalidade dessa eleição, como as candidaturas seriam apresentadas etc. Propuseram que cada estado elegesse representantes, sendo que seria um representante para cada cinco mil funcionários.

No caso do Paraná, havia pouco mais de dez mil funcionários (hoje o banco não deve ter nem metade disso), o que nos permitia ter dois representantes. Os representantes eleitos fariam uma convenção em Brasília para chegar a um acordo e escolher dez candidatos para concorrer em eleição direta em nível nacional, quando todos os funcionários votariam. Eu fui um dos eleitos do Paraná e fui para a convenção em Brasília, onde fui novamente eleito para compor o quadro dos dez candidatos da eleição direta. Acabei como primeiro funcionário do banco a ser eleito por voto direto para o Conselho de Administração e para o Conselho da Fundação Banco do Brasil. Isso foi em 1993. Tive em torno de 73 mil votos.

Na verdade, dentre esses dez candidatos, a disputa se concentrou entre os que eram apoiados por alguma entidade. Então acabou se polarizando entre o candidato apoiado pela CGT, a Contec e o partidão (PCB), e o candidato apoiado pela CUT e o PT, que era eu. A diferença foi muito grande. E com isso fui membro do Conselho do Banco e do Conselho Curador, com assento na diretoria do banco. Passei a dispor de um gabinete, com toda a infraestrutura respectiva: oito ou nove assessores, meio andar do edifício, estrutura de comunicação etc.

Banco Brasil

Em 1994 houve uma tentativa de mudar o nome do Banco do Brasil, havia neoliberais lá dentro e eles convenceram grande parte da diretoria do banco, incluindo o presidente, de que se tirasse a preposição "do" e ficasse apenas o nome: Banco Brasil, seria melhor para ações de Marketing. Uma empresa de marketing realizou um estudo e aprovaram o projeto para a mudança de nome. Foi um Deus nos acuda.

Eu era representante dos funcionários e nos rebelamos contra essa mudança, pois iria descaracterizar o banco. Fizemos uma campanha nacional de enfrentamento contra a diretoria, e montamos uma espécie de rádio da legalidade, eu tinha um boletim, jornalzinho eletrônico, onde falava com os funcionários uma vez por dia e este movimento chegou até a Presidência da República.

O presidente Itamar Franco mandou chamar o pessoal do banco e disse para parar com essas "brincadeiras" de mudar o nome e determinou que tudo permanecesse como estava, e continua até hoje como Banco do Brasil.

Uma outra situação do banco de ser mal-usado, como uma espécie de ferramenta do governo para atender ao clientelismo, foi quando se realizou o acerto contábil e descobriu-se que o banco estava numa situação muito complicada, pois os usineiros nunca pagavam seus débitos.

Em função das pressões políticas como da Ceará-Mirim, usineiros de Alagoas, Pernambuco, Rio Grande do Norte e no Sul, principalmente os grandes produtores de arroz, soja, como a Mendes Ribeiro... tudo aquilo era jogado para dentro do banco e então o banco ficou a descoberto. A partir disso, em 1995 foi feito um projeto de capitalização, onde trabalhamos tecnicamente. Apresentamos um número para o aporte que praticamente foi aceito, inclusive pelo tesouro, na ordem de 7 bilhões, juntamente com uma reestruturação do banco.

De nada adiantava capitalizar o banco, sanear a empresa e depois voltar às mesmas práticas. Então criou-se o modelo de gestão compartilhada, e as decisões por comitê, uma forma de proteger os gerentes, superintendentes e diretores, que ficavam blindados, a partir daquele momento, à pressão política e ao apadrinhamento.

Este sistema é mais um testemunho de que fui condenado no mensalão por um crime impossível. Ou melhor, caso tivesse havido crime, seria impossível ter sido cometido por uma única pessoa. De modo que eu jamais poderia ter sido responsável sozinho: ou no mínimo oito pessoas teriam de ser denunciadas, ou nenhuma. Joaquim Barbosa e o Antonio Fernando simplesmente passaram por cima disso, em um modelo de *lawfare* que permanece vigendo.

Essa capitalização e evolução administrativa é algo sobre o que todas as empresas públicas, economias mistas e estatais deveriam pensar muito, como forma de dar eficiência, proteção e o bom uso de uma gestão profissional.

Na época do Collor era diferente. Ele e o Lafaiete Coutinho, presidente do banco, usaram o BB para tentar comprar deputados, ao menos tentaram como o Matheus Iensen. O Onaireves Moura foi pego realizando transferência via Fundação Banco do Brasil. Inclusive parece que alguns deputados teriam recebido dinheiro e depois não votaram.

No início de 1996 a Assembleia acabou aprovando a capitalização do banco. Como consequência disso, o próprio Conselho de administração exigiu, ao colocar mais dinheiro, mudar o modelo administrativo. Queria uma administração compartilhada e os comitês.

O Pedro Malan que havia sido presidente do Banco Central, o Pedro Parente e a turma que depois ficou comandando a economia, o Calabi, todo esse pessoal que ficou no governo Fernando Henrique já estava na época do Governo Itamar. O Malan saiu do Banco Central e foi para o Ministério da Fazenda, o Clóvis Carvalho, que era secretário executivo do Fernando Henrique Cardoso enquanto Ministro da Fazenda no plano real, foi para o Ministério do Desenvolvimento... então, na verdade, quem saiu foi o Fernando Henrique do Ministério da Fazenda e foi para o Planalto.

O Paulo Cézar Ximenes vai para o Banco do Brasil no lugar do Calhares. Este tinha sido indicação do grupo do Itamar, do Décio Munhoz daquela turma de Chicago. Ou seja, no governo Collor, Itamar e Fernando Henrique, os mandachuvas nunca foram trocados.

São dezenas de fatores que levaram à perseguição que sofri, mas um deles é que para essa patota neoliberal eu sempre representei uma pedra no sapato. Mesmo depois, quando saí do banco e fui o primeiro diretor eleito da Previ, na época das privatizações. Quando fui eleito, em abril 1998, foi publicada uma nota no Globo e no Jornal do Brasil afirmando que o Palácio do Planalto "perde o sono com a perspectiva de eleição do novo diretor da Previ antiprivatista".

Sempre fizemos enfrentamento, contra a mudança do nome, a favor da conscientização dos funcionários e da busca de aliados na sociedade, a favor das funções sociais do banco... isso enquanto eles criavam o Programa de Demissão Voluntária (PDV). Aliás, o Banco do Brasil foi pioneiro nesse famigerado projeto.

A capitalização foi realizada via tesouro, como maior acionista, e via fundos de pensão, via investidores, todo mundo participou da capitalização que foi aprovada em uma assembleia de acionistas, de forma que quem não capitalizava seria diluído.

Todas as agências de publicidade e marketing se fortaleceram muito nos períodos tucanos, porque eram da mesma turma, tucanos do mesmo ninho. Eles criavam três, quatro empresas, onde uma controlava a outra para poderem participar das licitações e ganhar, mas na verdade iam todos os ovos para a mesma cesta.

Fui eleito diretor da Previ, para um cargo restrito a um funcionário do Banco. Como para se capitalizar precisava de recursos, foi realizado um levantamento atuarial dos dados e se chegou à conclusão de que a Previ tinha alguma gordura, tinha sobras e ela poderia garantir aposentadoria de todos e ainda tinha uma reserva técnica.

Então o Tesouro queria isso de volta, e nós dissemos que não, que não seria assim, mas que poderíamos negociar. Dessa forma criou-se grupos de trabalho e ao final se chegou à conclusão de que o fato de devolver para o banco poderia colocar em risco as aposentadorias, pois os aposentados e os associados que ainda não haviam se aposentado tinham pouquíssima ingerência na gestão da Previ.

Então decidimos que poderíamos devolver uma parte, desde que a partir daquele momento colocássemos um representante nosso lá dentro também. Do contrário, o dinheiro retornaria ao banco e depois eles colocariam alguém da turma deles, como foi na época do Lafaiete Coutinho, por exemplo, e de outros presidentes, como no período da ditadura. Isso poderia levar à insolvência do fundo, como aconteceu com a Varig, Vasp, BNH e uma série de fundos. E depois, o que os aposentados iriam fazer? Então eles aceitaram que os associados – funcionários da ativa e aposentados – elegessem três dos seis diretores. Os outros três diretores e a presidência executiva seriam indicações do banco.

Os associados elegiam quatro dos sete conselheiros deliberativos e a presidência do Conselho deliberativo. Dessa forma fizemos um modelo parlamentarista para um não passar a perna no outro, forçar o debate e a negociação. Uma gestão profissional, protegida, onde nada pode ser aprovado por maioria simples. Se a proposta fosse dos indicados pelo banco, teria que convencer no mínimo um dos diretores eleitos pela associação para ser aprovada, porque era necessário atingir dois terços tanto no conselho, quanto na diretoria. A gestão compartilhada permitiu nos proteger e esses frutos estamos colhendo até hoje, pois os aposentados do Banco do Brasil têm mantido o padrão de aposentadorias e pensões com regularidade.

Aliás, uma das intenções do Bolsonaro agora é quebrar esse modelo. Fernando Henrique Cardoso também tentou, no final do seu governo, quando chegou a colocar um interventor. Mas nós seguramos na justiça. Na época teve uma sobra de mais de 3 bilhões e em troca disso, eles aceitaram novo modelo de gestão. Passou um tempo e eles perceberam que não poderiam mais usar o fundo para atender aos amigos e aí colocaram um interventor lá dentro e nós conseguimos segurar na justiça até a eleição do Lula. Essas conquistas são qualidade de vida, de direitos, quase 500 mil pessoas foram protegidas por uma infinidade de lutas.

O equilíbrio de forças não deixava eles passarem como tratores, era necessário sentar-se e negociar, cada um cedia um pouco. Esse era modelo de gestão do banco: aprovação por comitê e funções compartilhadas, e a mesma coisa na Previ.

A questão dos aposentados é algo muito sério pois a capacidade de mobilização deles é muito restrita, o que eles podem fazer? É o que aconteceu no Chile, o aposentado para sobreviver passa todas as humilhações, e vimos isso em muitas empresas, em que os aposentados ficaram na rua da amargura.

A mesma história com o INSS/INPS que começou com teto de aposentadoria de 20 salários-mínimos, depois caiu para 10, depois para cinco, e agora criaram teto de cinco mil reais. Em uma empresa privada, quando falta dinheiro é decretada a falência. Quando o desequilíbrio é público, eles mudam a lei e zeram o passivo e a corda arrebenta no lado mais fraco, o do aposentado, da viúva ou do dependente, que sofrem com estas mudanças.

Fiquei na Previ de 1998 até 2002. Em 17 de fevereiro de 2003, logo depois que o Lula assumiu a presidência, eu assumi como diretor de Marketing do Banco do Brasil. Em 2005 eu me aposentei.

Quando começaram aqueles escândalos e eu já tinha tempo no banco, e me aposentei porque a situação estava muito desgastante. Eu me sentia muito frustrado, percebendo que a gente estava se afastando do povo, que a gente estava muito burocratizado, que havia um deslumbramento entre os nossos, que as presidências do Banco de Brasil do Banco Central estavam com os tucanos...

Quando chegaram os sem-terra pedindo apoio eu disse que iríamos apoiá-los. Aí levei esporro, porque eu estava trazendo os sem--terra para pressionar o governo... O mesmo com a CUT, que tinha um programa de TV que nós queríamos apoiar, e para isso havia cálculos comerciais, pensávamos no retorno, mas quê!

Anteriormente eu tinha travado lutas muito grandes na Previ, mas deu para ver que muitos setores do governo, no início do governo Lula, tinham medo do povo, não queriam o povo lá. Criaram o impeachment da Dilma porque os erros começaram lá atrás, o pessoal teve medo da democracia. Lembro de dizer que nós tínhamos que governar com o povo na rua.

Quando chegavam pessoas que tinham sido nossas aliadas, eu ouvia que devia parar de levar essas pessoas lá, porque agora éramos governo. Então se tornou frustrante. Eu estava sendo um incômodo dentro do governo, me chamavam de ING - indivíduo não governável. Enquanto isso o Aécio Neves ficou com Furnas, o Meireles no Banco Central, o Cassio Casseb no Banco do Brasil, o secretário do Tesouro era o Murilo Portugal, todos daquela turma da escola de Chicago ficaram ao redor do Palocci.

Era muito duro, a gente defendia determinadas coisas com o dedo no nariz. A Andrea me consolava ao mesmo tempo que me recomendava desistir: "Larga, vai embora, tu vais ficar doente, é muita desilusão" – ela dizia. Eu ficava sem resposta, afinal, tinha empenhado a palavra, e eu tinha uma história de militância.

Ação da cidadania contra a fome e a miséria e pela vida

No período que sucedeu a deposição do Collor, a realidade do Brasil era em alguns pontos semelhante ao que estamos vivendo no bolsonarismo de hoje, com pessoas abandonadas e famintas. O Betinho havia retornado ao país, reestruturado o Ibase e começado a levantar o tema dos excluídos, inclusive criando o termo 'lumpesinato humano', pessoas que pela situação de carência, seja alimentar, higiênica ou habitacional perdiam 80% das características humanas. Essas pessoas não conseguem mais sequer raciocinar, pensar, apenas reagem a alguns instintos para se manterem vivas. Esses indivíduos não podiam permanecer da maneira como estavam, ao menos não em um governo que vinha da Nova República.

Foi nesse contexto que o Betinho trouxe à tona o tema da fome, convocando a sociedade civil. Setores da igreja católica, notadamente o Dom Mauro Morelli, abraçaram a ideia e se propuseram a construir junto com Betinho um movimento nacional que, num primeiro momento, visava combater a fome e a miséria, e logo após ampliou-se visando emprego e geração de renda.

Assim começou nacionalmente a Campanha Contra a Fome e a Miséria, liderada por Betinho e Dom Mauro Morelli. O governo Itamar quis apoiá-la, talvez pelo fato de o Betinho também ser mineiro. Passou-se então a buscar alguém do governo para acompanhá-los. Como o Banco do Brasil tinha uma enorme capilaridade, com agências no Brasil inteiro, ficou decidido que ele indicaria uma pessoa para participar da estruturação e viabilização da campanha. O Palácio do Planalto convocou o presidente do Banco do Brasil para se empenhar na campanha e este convocou os funcionários para participar. Como representante deles, me foi atribuída a tarefa de integrar e mobilizar a campanha. Por ser bastante conhecido e ter sido eleito recentemente representante dos funcionários, abracei a ideia. Desta forma, os funcionários também foram chamados a participar. Me foi atribuída a tarefa de integrar e mobilizar a campanha. Foi talvez a experiência mais indescritível de minha vida. Rodei o Brasil inteiro, visitei mais de dois mil municípios, conheci o país por dentro.

O banco disponibilizou espaços ociosos, convocou os funcionários a dedicarem tempo de lazer à campanha. As Associações Atléticas do Bando do Brasil (AABB) também foram convocadas para serem pontos de encontro, disponibilizando espaço físico e infraestrutura. Contas foram abertas para contribuições, quem não pudesse participar de forma voluntária poderia contribuir financeiramente. O Betinho tinha acesso e controle de tudo no Rio Janeiro.

Houve também a convocação de empresas, começando pelas estatais, depois as Universidades, e a adesão foi surpreendente. Naquele momento se tinha claro de que deveria ser uma campanha da sociedade civil com o voluntariado. Caso fosse estatizada, e ficasse sob a estrutura do Estado, a campanha perderia o caráter voluntário.

Havia todo tipo de iniciativa, alguns doavam obras de arte que iam a leilão, artistas populares participaram, grupos de teatro, música, muitas pessoas contribuindo de todas as formas. Houve organização para hortas e roças comunitárias, em áreas de reserva e de represas.

Houve padarias comunitárias, escolas, cooperativas, foram mais de uma centena de inciativas, e algumas persistem até hoje. Foi realizado um cadastro de creches, casas de idosos, escolas, hospitais e instituições de caridade para receberem apoio e as contribuições arrecadadas: a mobilização foi imensa. O banco dava suporte para montar infraestruturas de distribuição.

O PT se envolveu nesta campanha. Como havia aqueles programas eleitorais gratuitos, o Lula e o PT me convidaram para gravar um programa falando sobre a campanha contra a fome, estimulando as pessoas a participarem e contribuírem. Nesse programa, expliquei como os funcionários do Banco do Brasil haviam se organizado e estavam liderando esse movimento no Brasil inteiro. Em pouco tempo organizamos mais de 2.400 comitês no Brasil. A campanha contra a fome e a miséria foi a primeira semente do Fome Zero, que passou a ser um tema para o PT, que ainda não havia delineado seu programa completo.

O Zagallo era técnico da seleção e certa vez ligou e perguntou se havia alguém para ir ao Rio em um sábado pela manhã. Fomos eu e mais seis ou sete jogadores da Seleção Brasileira a um supermercado na Barra. Eles davam autógrafos, tiravam fotografias e o pessoal ia doando... Coletamos várias caçambas de alimentos não perecíveis.

Na época, o Anthony Garotinho era secretário de Agricultura e Interior do Governo do Estado do Rio de Janeiro. Ele me chamou, organizou um esquema de coleta e distribuição. Só então percebemos que ele havia mandado fazer uma sacola para distribuir os alimentos não perecíveis com o nome dele... Houve também esse tipo de coisa, de gente querendo se apropriar dos eventos, querendo tirar vantagem.

A campanha contra a fome e a miséria foi o evento que mais entusiasmou e envolveu as pessoas. O próprio IBOPE realizou uma pesquisa cujo resultado até hoje não foi batido: os dados apontavam que de 96 a 97% dos pesquisados apoiavam a campanha. Essa aprovação popular fez com que eu e o PT decidíssemos incluir no plano de governo a questão da fome e foi esse o embrião do Programa *Fome Zero*.

Aconteceu um problema quando Fernando Henrique se elegeu e decidiu criar um gabinete com a dona Ruth, para institucionalizar a campanha, aos moldes de um programa mexicano. Nesse momento todo o voluntariado começou a ser desestimulado, pois, se havia pessoas remuneradas para trabalhar neste programa, por que outras não seriam? Isso foi gerando um abandono.

O programa como um todo gerou um momento de extrema consciência social no Brasil, o que me impressiona muito. Lembrá-lo me faz questionar: o que aconteceu para estarmos hoje no cenário sombrio em que estamos, incapazes de nos comover com o retorno do Brasil ao mapa da fome, pusilânimes ante um presidente da república que escarnece da penúria do nosso povo, recomendando a quem reivindica providências que dê "tiro de feijão"?

O Betinho sempre dizia que o primeiro passo era dar comida, para que as pessoas se reestabelecessem fisicamente; o passo seguinte era gerar emprego e renda: isso é cidadania. O programa implicava em uma série de ações, havia todo um processo de estímulo e de racionalização de recursos e infraestruturas. Em vários CEASAS do Brasil começaram a fazer uma seletividade do lixo, pois havia alimentos plenamente aproveitáveis. Cozinheiros organizaram cardápios em restaurantes que criavam um prato a custo popular.

Examinar essas ações só reafirma que é possível mudar o quadro da fome. Houve muito sofrimento, porém, houve também uma grande satisfação em saber que estávamos do lado certo da história. Espero que não por vaidade pessoal.

Tomara que essa história retome seu trilho.

Um pequeno sobrevoo no tempo

Vivi emoções semelhantes mais tarde, quando, como diretor de marketing, enfrentamos o desafio dos jogos de vôlei de praia no interior do Brasil. Muitas cidades não tinham praia e tínhamos que construir a quadra, levar areia para poder realizar os jogos. Todo mundo queria esse evento em sua cidade, durante uma semana o pessoal do circuito cultural e os atletas visitavam escolas, centros comerciais, havia toda uma divulgação e propaganda do Banco do Brasil, inclusive dos cartões Visa, cujo investimento mais tarde o Joaquim Barbosa disse ter sido desviado.

Víamos a mudança das crianças e dos jovens quando eles se encontravam com os atletas, principalmente o pessoal do vôlei. Num determinado momento decidimos ousar, trouxemos para participar os garotos da Febem para atuar como gandulas durante as partidas de vôlei. Ver essas crianças que só tinham apanhado na vida recebendo afeto, todas de uniforme, ganhando um lanche, alguma fruta... era algo realmente bonito e extremamente gratificante.

Toda essa movimentação empolgava, o pessoal trabalhava no tempo livre, aos finais de semana, era voluntariado mesmo. As pessoas se descobriam, conheciam a realidade e pensávamos que teríamos um Banco verdadeiramente do Brasil. Antes era um banco da elite brasileira, que sequer conhecia o Brasil.

Anões do orçamento

No final de 1993 acabei atuando na CPI dos anões do orçamento, da qual o relator era o Senador José Paulo Bisol, que eu conheci em 1989, quando ele concorreu como vice do Lula. O Bisol era muito amigo do Guazzelli, diretor de crédito do BB. Quando a CPI começou a crescer, Bisol pediu auxílio ao Guazzelli para organizar todo o material da Comissão que estava chegando ao seu gabinete. O Guazzelli indicou alguns funcionários do banco, que eram de esquerda, para colaborar. Eu tinha um apartamento funcional em Brasília, cedido pelo banco, que acabou se transformando em uma espécie de base. Para lá eram levados os documentos e contatávamos pessoas que entendessem de balanço, auditoria e leis para colaborar.

Previ

A Previ é o fundo de pensão dos funcionários do Banco do Brasil. É o mais antigo fundo de pensão da América Latina. Foi criado em 1923, como caixa de pecúlio. Não existia naquela época o Banco Central, apenas o BB. Hoje são cerca de 500 mil famílias beneficiadas por este fundo privado de previdência.

No período do Fernando Henrique Cardoso nós tínhamos uma preocupação muito grande, pois o governo utilizava a Previ como um braço para contemplar aliados políticos, fazer negociatas e, principalmente, pra sustentar o programa de privatizações. As empresas e empresários apoiados pelo governo Fernando Henrique, envolvidos na Previ, não gozavam de nenhum prestígio quanto à transparência e lisura nos negócios.

Uma série de grandes empresas faziam negócios com dinheiro da Previ, enriqueciam e levavam os prejuízos para os fundos de pensão. Já havia um histórico em alguns fundos das estatais que passavam por grandes dificuldades, devido a essas negociatas.

Nas negociações o estatuto foi mudado, foi feito um acerto de contas com o banco, e a Previ passou a ter uma gestão diferenciada, com participação direta de seus associados através de eleição. Assim, por voto direto dos associados, *fui o primeiro diretor a assumir a diretoria na Previ por eleição*. Dois anos depois foram eleitos mais dois diretores.

Nesse período começamos a ter uma noção de como o governo Fernando Henrique se sustentava, sendo extremamente benévolo com os amigos. Nas privatizações da CSN, Vale do Rio Doce, várias empresas de energia elétrica e todo sistema Telebrás, quem entrava com a maior parte do dinheiro eram os fundos de pensão, e a Previ, por ser maior, era quem mais participava. Depois dela vinha a Petros, da Petrobrás, Funcef, da Caixa Econômica Federal e outros fundos, inclusive os estaduais.

Esses fundos eram submetidos, por força das nomeações políticas, às péssimas administrações desses gestores privados. Criavam normas, atuavam via Ministério da Previdência, Secretaria de Previdência Complementar e Banco Central para que o dono do dinheiro não pudesse cuidar do seu capital. Para a Previ participar da privatização da Telebrás, da CSN ou da CPFL (empresa de energia de São Paulo), por exemplo, não podia ter participação direta. Era necessário colocar o dinheiro num fundo do banco Opportunity que, por sua vez, ganhava uma taxa de administração por essa operação.

Era esse fundo que participava de leilões e depois geria a empresa privatizada. Presidente e diretores financeiros eram nomeados, fazia-se todas as negociatas possíveis, desde a demissão dos funcionários das empresas privatizadas à autonomeação, e tomavam essas decisões com o dinheiro dos fundos de pensão.

Na transição da Previ, como o único diretor eleito (os demais eram indicados), enfrentei o primeiro escândalo quando da privatização da Telebrás, envolvendo BNDS: houve vazamento das negociações envolvendo Mendonça de Barros. Houve um embate com o apoio de outros dois diretores que estavam lá não por voto direto dos funcionários, mas por indicação de entidades, e nos unimos para fazer a obstrução.

Era uma luta sem trégua, exigia cautela e prudência diuturnas. E as ameaças eram constantes, pois neste momento começamos a mexer com o PIB do Brasil, que ia desde o grupo Vicunha ao Antônio Ermírio de Moraes, Bradesco, Vale, bancos e o mais ameaçador de todos: o Opportunity, que não tinha pudor, o negócio era Grand Cayman. Todas essas denúncias vieram à tona no livro *A Privataria Tucana*, do Amaury Ribeiro Jr., relatando todos os fatos que denunciamos à época.

Era a tropa de choque do governo Fernando Henrique tentando saquear por um lado, e nós tentando segurar pelo outro. Com os escândalos, eles acabaram brigando entre si, se desentenderam e, em um processo de traição, as fitas das tramoias vazaram.

Em 1998 aconteceu a operação Banestado - Banco do Estado do Paraná -, a lavanderia desse pessoal, que explodiu nos anos 2000. Nessa época, o presidente do Banco Central, Gustavo Franco, havia criado a Carta Circular (CC 5), que permitia remeter dinheiro ao exterior. O dinheiro era enviado principalmente via Banestado, e em sua grande maioria era oriundo de corrupção no sistema de privatização do governo Fernando Henrique.

Jaime Lerner era então o governador do Paraná e estava diretamente ligado a essas operações, pois ele tinha interesses. Por esse motivo, foi o Banestado o banco utilizado para o esquema. Corria à farta naquela época que o Lerner também mantinha uma máquina de corrupção nas suas urbanizações e nos incentivos que concedia para empresas automotivas.

Nesse contexto, foram sendo trazidas ao Brasil operadoras, tanto na área de distribuição de energia elétrica, quanto na de telecomunicações, tudo dentro de um plano que só foi interrompido com a vitória do Lula. O código de outorgas, que normatizava as privatizações, tinha uma série de restrições. Uma restrição dizia que toda empresa de telecomunicação ou de distribuição de energia tinha que ter um *operador estratégico*.

Este regulamento obrigava empresas plenamente aptas a realizarem a distribuição, como a Telepar e Cemig, por exemplo, a entregar essa operação a essas empresas operadoras, todas estrangeiras. Tal qual aconteceu com as empresas de telefonia, todas estrangeiras, que participavam dos leilões, como "pagamento" por repassar tecnologia, recebiam o chamado *fee* de operador, que reservava mercado para eles por cinco ou dez anos.

O Brasil ia engolindo tudo isso, porque a imprensa não denunciava, porque ninguém tinha coragem de mexer com isso.

Eis uma das razões de eu ser tão odiado: eu denunciava! Só que minhas denúncias não atraíam a atenção da imprensa... por que será? Talvez porque uma das agentes do Opportunity era a Verônica Serra, filha do José Serra? Eram na verdade as duas as Verônicas, ambas sócias neste esquema, a Verônica Serra e a Verônica Dantas, irmã do banqueiro Daniel Dantas.

Acontecia assim: as empresa do exterior eram trazidas para o Brasil para serem operadoras e aprendiam a operar. Elas entravam com 20% do valor total e todo ano ganhavam uma taxa por repasse de tecnologia. Em cinco anos recebiam muito mais do que haviam colocado de capital. Todos os gerentes e funcionários vinham de fora e tinham todas as mordomias, demitia-se o quadro de funcionários daqui e acabavam com os fundos de pensão e benefícios para os trabalhadores, mas colocando os brasileiros que tinham conhecimento para operar...

A CC5 serviu para esse esquema, o dinheiro saía via Banestado para Nova Iorque, depois ia para Grand Cayman, onde os valores eram reunidos no Citibank. Criavam um fundo de *private equity*, um fundo de investimentos para privatização, participando e comprando empresas aqui no Brasil, com o próprio dinheiro da corrupção do esquema no governo Fernando Henrique. Quem geria esses fundos era a vice-presidente do Citibank para América Latina e Caribe, Marilyn Putney, que passava a outorga para o Daniel Dantas, do Opportunity – e assim a festa estava feita. Era o dinheiro da corrupção do Brasil que ia, amparado pela CC5, para Grand Cayman. Lá havia um esquema entre o Opportunity e o Citibank. Criava-se o fundo e então o Citibank, gerido pelo mesmo Daniel Dantas, comprava empresas no Brasil.

Dois anos depois comecei a enfrentá-los e a votar contra na Previ. Foi quando Daniel Dantas entrou na justiça e pediu para anular os votos. Me destituíram de alguns conselhos de empresas, falsificaram uma reunião da Brasil Telecom, corromperam o cartorário de Brasília para legalizar a ata, e a corrupção continuou a rolar solta. Eram juízes, desembargadores, escritórios de advocacia, todos nas mãos deles, roubavam de todas as formas... e nós resistindo.

Em 2000 conseguimos eleger mais dois colegas do banco, que reforçaram nosso bloco de resistência. A mobilização era diária, porém, muito difícil, pois alguns companheiros da esquerda ou não entendiam ou eram *seduzidos*. O Opportunity sempre teve uma bancada, e não apenas do PFL da Bahia. O Daniel Dantas financiava campanhas de deputados do PT, PDT, PFL, PMDB e PSDB principalmente. Mais tarde, tudo isso ficou claro durante a CPMI do mensalão.

Quando começamos a expulsá-los da Previ, colocando barreiras e restrições, comunicamos aos operadores internacionais que iríamos denunciar o esquema. Comecei a viajar, fui a fóruns internacionais de fundos de pensão e os denunciei em Haia, em São Francisco na Califórnia, fiz documentos... A partir daí os operadores internacionais começam a romper com Daniel Dantas. Era uma roubalheira, pegavam e faziam o que bem entendiam com dinheiro dos fundos de pensão dos trabalhadores, sempre respaldados pelo Palácio do Planalto.

Foi criada a Associação Nacional dos Participantes dos Fundos de Pensão, pressionamos o ministro da previdência e o Savoya, secretário de previdência complementar. Os fundos de pensão eram saqueados, e quando apresentavam déficit, reduziam os benefícios, jogavam tudo nas costas do trabalhador: quem pagava a conta era o trabalhador.

Fizemos parte de um fórum que criou um conceito internacional, mais tarde adotado pelo Kofi Annan na ONU, pela pressão dos fundos do norte da Europa, África do Sul, alguns do Oriente e principalmente Estados Unidos e Holanda. O conceito criado foi o de *investimento socialmente responsável.*

Foram quatro anos de luta e enfrentamento sem trégua. Foi colocada escuta, eram feitas ameaças, faziam-se decretos e leis para nos prejudicar e impedir.

***

Tudo se encaixa. Por exemplo, o Moro como juiz da Lava-Jato, juiz em Cascavel da operação Banestado, que defendeu o Serra. A operação Banestado só não foi totalmente encoberta por essa gangue porque teve o 11 de setembro de 2001 e, como Foz do Iguaçu é uma região de fronteira onde há muitos palestinos, os americanos viram aquela enxurrada de dinheiro e começaram a se preocupar mais com a segurança deles do que com os apadrinhamentos.

Surgiram algumas informações e o Requião tentou trazer os fatos à tona, mas depois os integrantes de CPI's no Congresso passaram a escondê-los, provavelmente por meio de acertos financeiros. E isso por certo que com a participação de pessoas de esquerda, pois a CPMI não resultou em nada.

Em 2008 ou 2009 fui procurado por um cidadão que foi ao banco e constatou uma transferência bancária de 35 milhões de dólares em sua conta. Quando fui verificar o valor já havia desaparecido. Usavam laranjas de todo tipo, bastava saber seu CPF que determinadas operações bancárias eram feitas, as chamadas operações aranha. Eu fiz alguns gráficos na época para ir quebrando a sequência. Foram encontrados nas contas do João Bosco Madeiro, diretor da Previ, algo em torno de 150 milhões de dólares em Grand Cayman. Do Jair Bilacchi um pouco mais que isso.

Durante seis meses eu convivi com essas pessoas. Quando começamos a enfrentá-las, o tema foi matéria de capa da Veja e Isto É. Então o Fernando Henrique decidiu fazer mudanças, junto com Paulo César Ximenes, e o pessoal do BB. O Ricardo Sérgio, diretor do banco, foi tesoureiro do Serra e havia sido funcionário do Citibank no Brasil... aparentemente todos estavam envolvidos nesses esquemas. O Paulo Renato, por exemplo, colocou a própria esposa como diretora da Vale, antes ela era secretária de previdência complementar.

As mamatas que vemos do Bolsonaro hoje eram plenamente vigentes à época. Há diferenças óbvias, claro, entre os governos de Fernando Henrique e de Jair Bolsonaro, mas não quanto a isso. E, nunca é demais lembrar, Fernando Henrique deu um golpe, à luz do sol, ao aprovar a própria possibilidade de reeleição. Esperamos que o Bolsonaro não consiga consolidar o seu, que não para de anunciar.

Voltando. Essas pessoas me odiavam muito, porque eu estava pisando nas últimas mangueiras de oxigênio delas. Quando houve a CPI, eu não era mais diretor da Previ, mas sim Presidente do Conselho. Fizemos o Citibank reverter uma decisão, detonar a Marilyn Putney – muito próxima do Daniel Dantas em todos esses esquemas – e retirar o poder de decisão dela, para assim fazer uma faxina nas operações e salvar os fundos de pensão.

E não faltou fogo amigo, de companheiros que vinham sendo muito bem agradados pelo caixa. No governo Lula, na transição do Palocci, quando foi feito o acordão pelo qual a operação Banestado desapareceu, tudo foi para debaixo do tapete, resultando em nada.

Essas pessoas se fortaleceram e começaram a ocupar espaços no governo Lula. Começaram a ganhar adesão e parceria de pessoas do governo Lula, enquanto nós, que resistíamos, fomos para o chicote.

O Alberto Youssef apareceu depois, porque ele atua pela Operação Cabo e nessa época eles não precisavam disso, a coisa era feita via operação bancária mesmo, banco com banco. O Youssef só ganhou importância quando se acabou com a CC 5, porque a partir daí, para enviar dinheiro para fora, passaram a depender de operações com doleiros. Antes eles mandavam pelos bancos mesmo. Uma farra!

O Gustavo Franco, presidente do Banco Central no governo Fernando Henrique, foi quem abriu a porta. Eles agiam cobrando propinas, fazendo desvios nas privatizações... todo mundo saiu rico e, para se garantirem, usavam a CC 5 para enviarem o dinheiro para fora do Brasil. Porém, fora do país o dinheiro rendia pouco e, por serem extremamente gananciosos, eles juntavam esses valores de corrupção no Citibank. O Daniel Dantas agia como operador. Então eles vinham ao Brasil e compravam mais empresas privatizadas na bacia das almas.

Ganhavam triplicado, não só na corrupção como também depois na aplicação desse dinheiro da corrupção. E tudo isso continuou a acontecer no início do governo do PT... foram colocados panos quentes, a começar pelo resultado da CPI do Banestado. Eu estava marcado, respondi a muitos processos, fui retirado do Conselho da Previ, falsificaram ata, fui ameaçado... foi difícil viver, inclusive, porque colocavam escuta, ameaçavam, plantavam notas em jornais, tinham tudo à mão. Consegui sobreviver a tudo isso, inacreditavelmente. Quando não tinham mais o que fazer, baixaram uma intervenção na Previ em 2002, destituíram os diretores e colocaram um interventor... tudo para poder desviar recursos.

O interventor da Previ, Dimas Rodrigues da Costa, funcionário do Banco Central, mudou toda a composição administrativa da Previ, determinou que o dinheiro da Previ fosse enviado para o Tesouro, a mando do Malan e do Fernando Henrique. Ele baixou um decreto na quarta-feira da semana santa, e foi para Brasília receber os aplausos.

Nós ficamos desesperados. Dois diretores da Previ estavam viajando e nosso grupo resolveu resistir. Reunimos uma série de documentos e um colega do banco que já havia trabalhado comigo, Luiz Antônio Castanha Maia, colaborou conosco. Ficamos a noite toda debatendo o como barrar essa decisão: fomos para a justiça e conseguimos. O desembargador de Brasília, Tourinho Dantas, deu uma decisão anulando a decisão do interventor. Foi um Deus nos acuda, a gente conseguiu a anulação na quinta-feira da semana santa, quase às 18 horas.

O desembargador deu um efeito suspensivo retroativo que o banco e a Secretaria do Tesouro não conseguiram reverter. A partir desse momento veio a declaração de guerra, havíamos atravessado o Rubicão. Fizemos uma reunião dos eleitos da Previ e eu disse que, a partir de então, ou elegíamos o Lula, ou ninguém mais teria aposentadoria ali: eles iriam roubar tudo!

E eles vieram com tudo para nos arrasar, bloquearam todos os bens dos dirigentes da Previ. Fiquei com meus bens bloqueados. Sabíamos que eles viriam pra cima, por isso é possível ver que na CPMI e depois, na AP 470, consta que ao comprar um apartamento paguei uma parte com 32 mil dólares. Na verdade, eu tinha uma poupança, e como fui avisado em janeiro que iriam bloquear tudo, para me prevenir comecei a comprar dólares. Não fui para o paralelo, como eles, eu comprava na agência do Banco do Brasil em Botafogo, debitando da minha conta. Tenho ainda as cartas de câmbio. Era permitido comprar, então comprei e guardei.

Depois de passado o perigo de bloqueio, comprei esse apartamento, que é onde moro hoje, apesar de que os canalhas o penhoraram recentemente, em mais uma violência contra quem se recusa a se dobrar a eles. À época, fiz a proposta para o vendedor deste apartamento de pagar uma parte em dólares, e ele aceitou. Paguei o apartamento com um cheque do banco e completei o valor com esses dólares, que havia comprado regularmente no Banco do Brasil. Mostrei as cartas de câmbio, datas, o dinheiro saindo da minha conta... mesmo assim eles usaram isso para dizer que é dinheiro de corrupção. O PGR Antônio Fernandes me denunciou como corrupto, sem considerar as cartas de câmbio. Bem, de fato, quando houve a intervenção foram bloqueados nossos bens. Depois conseguimos liberar, no início do governo Lula, em 2003.

Foi quando arrumaram uma outra denúncia, através de um fato relacionado com esse bloqueio. Todos os bens que fomos lentamente acumulando em décadas de trabalho, seja através dos salários que eu recebia nos mais diversos cargos altos que ocupei, seja com o que a Andrea obtinha com seus projetos como arquiteta, sempre haviam estado em meu nome. Quando conseguimos, no governo Lula, derrubar o decreto que confiscava todos os bens, em 2004 ou 2005, o pai da Andrea sugeriu que fizéssemos uma separação desses bens, para que a Andrea não ficasse desprotegida nalguma situação futura. Então ele, que é advogado, fez a partilha. Pois bem, em 2018 a Raquel Dodge afirmou que essa partilha foi feita para que eu não pagasse a multa, alegando que eu já sabia, em 2004-2005, que iria ser condenado em 2012 no mensalão e que eu teria feito essa partilha para desviar patrimônio. E esse argumento estapafúrdio foi usado, independentemente das tantas provas apresentadas.

Na transição do governo do FHC para o governo Lula não se mexeu em nada dessa turma. Inclusive o Nilzan, que era um dos braços do Daniel Dantas e contato do Fernando Henrique, foi cogitado para fazer a campanha do Bittar aqui no Rio em 2004.

Lula era a esperança

Desde a mudança de estatuto da Previ, trabalhamos na perspectiva de criar anteparos. Entretanto, enfrentar a máquina do governo, que tem o poder de legislar e intervir, não foi nada fácil. Quando colocaram um auditor fiscal, houve uma tentativa de sacar o dinheiro do fundo de pensão. Impedimos isso judicialmente, conseguindo uma decisão *sui generis*. A raiva e intolerância deles com a nossa resistência subia ao extremo, até baixarem a intervenção. Destituíram todos os dirigentes da Previ e uma pessoa da confiança deles foi colocada para administrar e facilitar o saque generalizado.

Tudo isso exigia um processo burocrático, era preciso fazer um novo estatuto. Este foi o momento em que conversei com meus companheiros. Era 30 de maio de 2002, momento de ir para a mãe de todas as batalhas, pois dentro do banco nossa força resistência havia sido completamente minada. A forma de proteger a instituição, honrar nossos ideais e compromissos era não mais obedecer aos saqueadores. Era ano eleitoral e a candidatura Lula avançava. Precisávamos eleger o Lula! Comuniquei que a partir do início de junho iria para São Paulo me integrar de corpo e alma à campanha dele.

Caso elegêssemos o Lula, até um novo estatuto ser elaborado e aprovado, talvez tivéssemos tempo de salvar as reservas que estavam querendo saquear. Pedi licença no Banco do Brasil e fui trabalhar pra eleger o Lula. Cheguei quando a campanha estava começando a se estruturar. Um prédio próximo a Moema havia sido alugado para abrigar a sede central. Os coordenadores das mais diversas áreas já estavam trabalhando e a campanha estava começando a criar corpo. Antes de ir, telefonei para alguns companheiros comunicando que chegaria a São Paulo para carregar pedra, fazer o que fosse necessário para elegermos o Lula. Era uma questão de sobrevivência da Previ, além de todo o meu compromisso partidário.

Eu já conhecia praticamente todo o pessoal que estava na coordenação: o Duda Mendonça, o Palocci, o Delúbio, o Zé Dirceu, o Gushiken, o Paulo Okamotto... Ao me apresentar em São Paulo, o Gushiken me perguntou se eu tinha lugar para ficar, falei que arrumaria algum. Pedi a Chieko Aoki, dona da Blue Tree, para me fornecer um quarto no hotel a preço de operário. Ela concordou, aluguei um apartamento lá e fui trabalhar. Por ser bancário, eu tinha mais contato com o Gushiken, com o Delúbio, por ter sido da CUT, e com o Paulo Okamotto, responsável pela infraestrutura.

Não participei dos trâmites para a aliança com o Zé Alencar, mas eu o havia conhecido em 1998, quando a Previ era a segunda maior acionista da Coteminas e ele era Senador. Quando ocorreu a privatização do sistema Telebrás, nós, dirigentes da Previ, estivemos no senado conversando. Explicamos para eles que a Previ não tinha uma atuação direta, ela era manipulada por braços do governo, pelo Opportunity, por operadores que atuavam a mando do governo com restrições e, portanto, a Previ não poderia ser penalizada.

Nessas reuniões da Coteminas o Zé Alencar já rezava o mantra contra os juros, e mostrava uma visão distorcida sobre o PT. À medida em que ele foi compreendendo que o pessoal da Previ não era o bicho papão imaginado, a ficha caiu. Lembro-me quando afirmou que precisávamos de um nacionalista: e esse candidato era o Lula. Um tempo depois o Lula já tinha se aproximado dele, e construíram então essa aliança, que na época era a estratégia, a tática para poder chegar aos 51% de votos necessários para ganhar o pleito. O PT sempre vinha forte, mas morria na praia, porque prevalecia aquele discurso do PT antiempresarial, destruidor e terrorista. A coligação com o Zé Alencar quebrou grande parte desse argumento, e fez com que os empresários não se sentissem tão rejeitados. Com isso, muitos se aproximaram.

Eram 40, 50 pessoas trabalhando na campanha. O prédio tinha dois andares e no andar superior ficava a Clara Ant e o pessoal da parte burocrática; havia um outro espaço para o Zé Alencar e seus assessores, outra sala para o Zé Dirceu e uma sala com parte privada para o Lula e a Mônica, sua secretária. O andar inferior abrigava um pequeno auditório, assessoria de imprensa, tesouraria, infraestrutura e o material de campanha.

No início pediram para eu conversar com a superintendência do Banco do Brasil para ajustar a liberação do fundo partidário, para ter os primeiros fôlegos de recursos para os serviços essenciais. Marquei uma reunião com o superintendente do BB, foi feita toda a papelada e, com isso, já tínhamos um pouco de recursos financeiros para pagar os primeiros custos da campanha. Perguntado em qual área eu gostaria de trabalhar, informei que qualquer trabalho seria bom, mas, por conhecer vários empresários da minha relação na Previ, este seria um campo no qual teria mais trânsito. Sempre percebi nas conversas com os empresários que eles tinham uma visão muito distorcida do PT, principalmente a respeito do plano de governo.

Fiquei então responsável, juntamente com outras pessoas, por trabalhar na comunicação sobre o plano de governo do PT junto aos empresários. Nos reunimos com o Duda Mendonça e foi criada uma espécie de kit apresentação da candidatura Lula para os empresários. O kit era uma caixinha vermelha que continha uma cópia do plano de governo e, dependendo do empresário, tinha o aspecto setorial daquele plano. Por exemplo, para indústria têxtil, indústria metal-mecânica automobilística, agropecuária e assim por diante. Havia ainda uma fita cassete do Lula ou outra pessoa responsável pela área em questão explicando o que seria feito por ela.

Montamos uma equipe e começamos a organizar, catalogar e sistematizar o nome, endereço e telefone dos principais CEOs de empresas e dirigentes de empresas no Brasil. Fizemos um pequeno call center com quatro pessoas. Contatávamos as empresas perguntando se eles gostariam de ter mais informações sobre o plano de governo e, eventualmente, se gostariam da presença de alguém do partido para uma reunião a fim de explicar e debater o plano de governo com eles. Em muitos casos as pessoas queriam sim a presença de alguém do PT para falar, explicar e debater. Agendávamos a data e íamos.

Um fato pitoresco aconteceu quando agendamos com uma empresa que constava para nós como se fosse da área de reflorestamento. Eles aceitaram uma reunião conosco e pediram para irmos até lá, eu fui. Cheguei acreditando conversar com uma empresa da área de reflorestamento e seringais, mas na verdade era uma reunião de conselho da sociedade rural, sede da UDR. O encontro que deveria durar uma hora, durou três. Fui crivado de perguntas; respondia o que sabia, pois tinha uma visão geral. Incrivelmente foi uma reunião muito boa.

Eles ficaram bastante tranquilos e satisfeitos de que não haveria o temido tema de ocupação de terra e desapropriação, fizeram uma série de questionamentos, foi um debate muito produtivo. Várias pessoas se manifestaram dizendo ter uma imagem muito contaminada e distorcida do PT.

Eu tinha uma boa relação com o presidente da Embraer, Maurício Botelho, e marquei uma conversa com ele. Neste encontro o Lula fez questão de ir comigo. O Duda decidiu gravar um programa lá, então foi praticamente um dia inteiro de visita, um encontro com os trabalhadores, com os metalúrgicos.

Foram meses de muito trabalho, reuniões até a noite... As pessoas contatadas se sentiam gratas e demonstravam interesse, porque pela primeira vez alguém se dispunha a conversar diretamente com elas.

Essa estratégia foi muito interessante, porque basicamente trabalhamos em cima de uma lógica de que os adversários, na época capitaneados pelo Serra, no momento final satanizavam o PT. Já havia acontecido nas duas campanhas anteriores com o Fernando Henrique. Espalhavam a ideia de um PT antiprodução, antiempresário, antidesenvolvimento. E, claro, não era nada disso. Mas, pela dúvida que geravam, conseguiam criar um muro contra nós. Esse trabalho de formiguinha minou em grande parte a estratégia de campanha do Serra, pois foi por muito pouco que não vencemos no primeiro turno. No segundo, o Serra utilizou a tática do terrorismo, de meter medo, mas não pegou.

Às vezes eu participava de algumas reuniões estratégicas, embora meu trabalho durante a campanha fosse o de peão mesmo, fazia o serviço pesado. Acompanhei as candidaturas aos governos dos estados e vários destes candidatos eram meus amigos ou próximos a mim. No Pará, a Ana Júlia foi minha colega de banco; o Tarso Genro, no Rio Grande do Sul, havia sido advogado do Sindicato dos Bancários; o Zeca, lá no Mato Grosso Sul, era colega de banco; com o Wellington Dias eu já tinha trabalhado na primeira campanha, assim como com o Magela, de Brasília. Além disso, havia os candidatos a deputado, o

Paulo Bernardo no Paraná, Berzoini em São Paulo, no Ceará o Fortunati... uma plêiade de colegas do banco, todos conhecidíssimos! Procurava ajudá-los e fazer o que fosse possível, desde mandar material de campanha até pedir para gravar vídeos, intermediar agendas, enfim: tudo que envolve uma campanha.

A movimentação eleitoral indicava que a disputa seria entre o Lula e o Serra, mas trabalhou-se também na construção de uma base parlamentar. A coligação com o Zé Alencar (PL) e outros partidos dava alguns sinais de aproximação. Quem trabalhava nessa área era o Zé Dirceu, coordenador da campanha e presidente do PT, que participou de alguns eventos com o empresariado. O fato de eu ter sido da Previ facilitou um pouco estes contatos. O Zé Alencar, por ser empresário, tinha acesso às federações de indústrias e comércio, e assim eu fiz algumas viagens com ele. No Rio Grande do Sul nos reunimos com o grupo Gerdau, com a Rondon, enfim, com grande parte do PIB gaúcho.

Óbvio que o primeiro propósito da aliança com o PL era ganhar a eleição, avançar sobre uma fatia com uma rejeição injustificável ao PT. O fato é que depois de fechadas as urnas, contados os votos, os deputados do PT, PL, PCdoB e PDT não formavam maioria. Não haveria votos suficientes no parlamento para encaminhar os projetos e o plano de governo. Do segundo turno até a posse se deu a primeira fase da discussão sobre alianças e montagem do governo, distribuição de cargos e ministérios.

Existiam duas teses que eu acompanhava por lá. Uma, a de que o PT tinha que fixar um bloco, e havia os defensores de uma aliança com o PSDB nas questões programáticas e social-democráticas; outra tese pretendia compor a maioria com ações pontuais, à medida que os projetos fossem encaminhados. Seria uma maioria de circunstância, composta de partidos que tivessem interesse sobre determinada matéria. Daí surgiu a aliança com o PTB, que à época era comandado pelo Martinez. Em troca disso, o PTB recebeu a presidência dos Correios. Esse tema não ficou definido, o PT iniciou o governo sem definir se faria alianças pontuais para compor a maioria ou se formaria um bloco fixo.

A partir daí se começa a entender por que o Meirelles foi para o Banco Central. No Banco do Brasil, para nós, foi a pior decepção, pois a direção do BB, em sua grande maioria, acabou formada por tucanos. É possível entender por que o Furlan foi para o ministério da Indústria e Comércio. Isso resultava de acordos que foram feitos em troca da aprovação de determinados projetos. Num primeiro momento, funcionou. Entretanto, a estratégia começou a se deteriorar quando o Martinez sofreu um acidente aéreo fatal no interior do Paraná e o Roberto Jefferson assumiu o comando do PTB. Pelas informações que eu tinha, o Martinez teve um comportamento muito ético, era um político muito civilizado. Quando assumiu o Roberto Jefferson, porém, a coisa mudou: ele quis ganhar dinheiro. Para ele, a política é um balcão de negócios.

Nas eleições de 2002 o PT tinha grandes perspectivas de vitória em vários estados, mas perdeu um pouco de fôlego no segundo turno. Além disso havia o problema das dívidas de campanha que ficaram. O Genoíno, que fez uma excelente campanha para o governo de São Paulo, assumiu a presidência do partido a pedido de Lula, e Delúbio continuou na tesouraria.

Quando apareceram as dificuldades no apoio e acordos com o PTB, o Roberto Jefferson, cujo único projeto era sair de lá rico, transformou toda negociação em mercadoria. Daí surgiu a história do mensalão. É certo que cada partido usava a máquina pública nessas composições para financiar-se, essa era a visão à época. As dificuldades do PT em ter maioria o sujeitavam a isso, o mensalão surgiu exatamente em função deste fato, pois o PL tinha seus deputados, mas não tinha ingerência sobre os demais partidos liberais.

Não conseguindo consolidar um bloco, havia a necessidade de o governo criar alianças pontuais. E há um grupo de parlamentares que usam os partidos apenas como uma sigla de aluguel. Quem os comanda não é a direção de seu partido, votam atendendo aos interesses de quem financiou suas campanhas. Dependendo do tema que ia para votação na câmara, uma das táticas era fazer a maioria atraindo aqueles parlamentares que têm interesse em determinado projeto. Na verdade, era preciso negociar pauta por pauta para se conseguir maioria.

Outro fator são as coligações regionais, fruto das eleições municipais. Por exemplo, o PT queria eleger a Marta Suplicy como prefeita de São Paulo, mas para isso era preciso que determinados partidos a apoiassem e não lançassem candidatos. O Roberto Jefferson aceitou a proposta, mas cobrou um valor por esse apoio. Ou seja, o candidato que desistiria de concorrer para ceder apoio a outro deveria receber um determinado valor, e quem deveria pagar era o PT: disso resultou a denúncia do mensalão.

Quando a direção dos Correios foi entregue para o PTB, os fornecedores contumazes, especialmente o Carlinhos Cachoeira, foram afastados, para que fossem colocados novos fornecedores, alinhados com a nova direção do PTB. Acontece que quem sai resiste... Concomitante a isso, havia a negociação com o Roberto Jefferson para apoiar a candidatura da Marta em São Paulo. Neste tipo de apoio é usual que o partido favorecido repasse valores para o partido que o apoia para assim fortalecer outras campanhas. O preço foi acordado, eram 10 ou 20 milhões de reais, esses números nunca ficaram claros. Mas o PT não tinha esse dinheiro em caixa e algo teria de ser feito quanto a isso.

Quando o Carlinhos Cachoeira percebeu que estava sendo escanteado, conjuntamente com outros empresários, no fornecimento aos Correios, ele sabia que os novos fornecedores estavam pagando algumas "alegrias" para os funcionários do segundo e terceiro escalão. Com esse conhecimento em mente, advindo da própria experiência, o Carlinhos Cachoeira acertou com os aposentados do Serviço Nacional de Informações (SNI) a gravação do Marinho recebendo os 3 ou 4 mil reais. Neste meio tempo o compromisso realizado com o Roberto Jefferson, de repassar dinheiro em troca das eleições em São Paulo, estava demorando para ser cumprido, porque o PT não tinha dinheiro em caixa. O PT demorava para pagar e o Roberto Jefferson o ameaçava.

Quando veio à tona o escândalo do assessor dos Correios flagrado a receber dinheiro, o Roberto Jefferson deduziu que o Zé Dirceu, ministro chefe da Casa Civil, responsável pelo SNI, era quem tinha monitorado e trazido a público essa negociação, como uma tentativa de não ter mais de honrar os compromissos com o PTB. Mais tarde a CPMI dos Correios foi aprovada, mas não deu em nada. Ninguém dos Correios foi indiciado e tampouco alguém foi convocado a depor.

Enquanto isso, o Marcos Valério estava ajudando o Delúbio para o PT poder honrar o acordo com o PTB. O Valério era empresário de Belo Horizonte, e já havia trabalhado para os tucanos em candidaturas estaduais no estado de Minas, pagando contas e dívidas. Tinha várias empresas, e algumas delas prestavam serviço em Brasília. Duas dessas empresas de que ele era sócio eram agências de Publicidade: a SMP&B, que prestava serviço para Câmara e para o governo do GDF; e a DNA, que prestava serviço para o Banco do Brasil desde o governo Fernando Henrique Cardoso.

O Marcos Valério sabia fazer essas coisas, já havia atuado em governos anteriores, e como os líderes destes governos sabiam como tudo era feito, caíram em cima dele. Nos governos deles existia o mensalão, diz-se que comandado pelo Sérgio Motta. Cada empresa – Petrobras, Correios, Caixa, Banco do Brasil – tinha um grupo de deputados na folha de pagamento alternativa para garantir a maioria, incluindo aí a aprovação do segundo mandato para o Fernando Henrique. O erro do PT, digamos, foi aceitar ajuda do Marcos Valério, que era o operador desse grupo do PSDB e PMDB. Mas, como as dívidas do PT cresciam, para o Delúbio isso foi a tábua salvação.

A oposição partia do pressuposto de que o PT estava fazendo o que já se fazia antes. Tinha tanta certeza de que o PT havia preservado o mesmo modo de operação, que denunciou o partido com base nessa pressuposição. Mas, na verdade, não era isso que o PT fazia, tanto que não conseguiram identificar nenhum deputado que tivesse recebido algum valor.

O que houve foi que, claramente buscando aproximação, o Marcos Valério emprestou seu crédito ao PT e realizou empréstimos junto ao sistema bancário, com aval dos dirigentes do PT. E repassou os recursos obtidos pelos empréstimos ao partido, que foi quem os pagou mais tarde. Mas a narrativa tucana prevaleceu, quando na verdade, e por ironia do destino, só eles é que realmente usaram o mecanismo apelidado de mensalão. Aliás, o Jefferson não inventou esse nome, já chamavam de mensalão os valores que o PSDB repassava aos deputados.

A questão toda está no fato de que o PT começou o governo sem maioria no parlamento e não formou um bloco, uma aliança de uma maioria fiel. Foi fazendo alianças pontuais, tanto que o PSDB ficou, em troca dessas alianças pontuais, com áreas estratégicas no governo, como o Banco Central e o Banco do Brasil (no BB não mudou quase nada com a mudança de governo), Cemig, etc. O Meireles, presidente do Banco Central, tinha sido o deputado mais votado do PSDB em Goiás. O Cássio Casseb, ex-presidente do Banco do Brasil, era sócio do Andrea Calabi em São Paulo, que foi Secretário do Tesouro do governo Fernando Henrique.

Na carta aos brasileiros, o PT assumiu compromissos. Acendeu-se vela para vários santos e se manteve inimigos na trincheira, um risco enorme, e o ponto de desequilíbrio se deu quando o PTB foi para as mãos do Roberto Jefferson. Os fatos de negociar com uma pessoa que coloca preço em tudo, ter ficado sujeito às ameaças das viúvas da ditadura e dar boca-livre para o tucanato, se voltaram com tudo para cima do PT.

O partido como um todo foi vitimado, assim como dirigentes o foram, pessoalmente. E como mensalão não havia, a narrativa mentirosa que sobrou, para poderem atacar os petistas e o governo, envolvia a minha pessoa: para mal meu, da minha família inteira e, acredite, da pátria.

A Formação do Governo

Após a eleição do Lula em segundo turno, começaram as cotoveladas, processo um pouco comum na política. Iniciou-se a montagem do governo, a distribuição dos cargos. Pessoalmente, me constrange muito a questão da bajulação, do puxa-saquismo na disputa por cargos. Muita gente na época colocava notinhas em jornais e me procurava. Eu tinha uma resposta mais ou menos pronta, agradecendo aos inimigos pelas indicações, mas preferindo me guiar pelos conselhos dos amigos e ficar longe de cargos, que na maioria das vezes são meras vitrines. Acresce que nem todos os que convidam para participar são bem-intencionados.

O final da apuração e a confirmação da vitória trouxeram situações desconfortáveis, começou a aparecer todo tipo de gente que se dizia petista e lulista desde o ventre, mas que sabíamos que não eram. Preferi ficar longe de tudo isso e voltei para o Rio.

Um amigo me convidou para passar uns dias em Roraima, ficar um pouco longe, e fomos conhecer o interior do Brasil. Quando retornei, havia alguns companheiros e amigos que diziam para eu me prontificar para ser presidente do Banco do Brasil, por eu conhecer toda sua estrutura e ser funcionário de carreira. Iniciou-se uma conversa, o Berzoini me telefonou, mas não me sentia confortável, tinha a impressão de que existia uma expectativa acumulada muito grande e a forma como o governo estava se compondo não dava espaço para corresponder a ela.

Na volta para o Rio fiquei trabalhando mais no apoio para algumas áreas estratégicas e dando informações. Na fase do governo de transição, fui chamado para algumas reuniões em Brasília e se comentava que existia uma reivindicação, que se sedimentava no PT, de que o presidente do banco deveria ser um funcionário. Eu não comungava plenamente com isso, havia outros nomes, como o de Paulo Bernardo, de Magela. Ambos haviam sido deputados. Vários nomes foram apresentados.

O tucanato dentro do banco começou a se movimentar, criando bloqueios e fazendo restrições. O Palocci argumentava que o novo presidente deveria ter um curso superior completo, uma exigência do estatuto do banco, e os nomes apresentados não correspondiam a isso. Aos poucos os nomes iam sendo descartados. Fui procurado pelo Carlos Langoni, pelo Agnelli e mais alguns amigos que me estimulavam a compor o governo. Não tinha plena disposição a fazê-lo, havia me decepcionado com a forma como estavam sendo negociados os cargos. Minha indisposição se acentuou quando Meireles foi anunciado para o Banco Central.

Participei de uma outra reunião, algumas pessoas me procuravam pedindo apoio para cargos de segundo escalão. No máximo eu as encaminhava para pessoas que eu conhecia. O banco estava bem representado, vários de seus funcionários estavam praticamente no primeiro escalão do PT, não ainda com cargos definidos, mas tinham mandato eletivo e seriam chamados. Eu não tinha muita convicção de que poderia contribuir com o governo.

No final de janeiro, vi pela TV que o Palocci convidou e o Cássio Casseb aceitou assumir a presidência do Banco do Brasil. Eu o conhecia, porque na Previ fui indicado para o conselho da Brasil Telecom e o Casseb era conselheiro indicado pela Tim.

Certo dia, recebi um telefonema um pouco cômico. O Casseb pediu para que eu fosse a São Paulo ajudá-lo a entender como funcionava o banco, a fim de que ele pudesse montar uma equipe, pois, embora houvesse aceitado a presidência, mal conhecia seu funcionamento e sequer tinha conta no BB. No dia seguinte, eu e outro colega fomos a São Paulo, mostramos a ele como funcionava o banco, explicamos como eram as diretorias, vice-presidências e demos outras informações técnicas. Ligamos para o presidente da BB Tour pedindo um suporte técnico para o futuro presidente do banco, fomos prontamente atendidos e funcionários da BB Tour foram colocados à disposição do Casseb para ajudá-lo no que fosse necessário.

Neste encontro o Casseb me informou que o Palocci indicaria as vices presidências, mas que ele próprio indicaria algumas diretorias. Perguntou-me sobre qual cargo eu gostaria de ocupar. Eu disse que não queria nenhum, meu desejo era voltar para o Rio, caminhar na praia. Afinal, eu já tinha tempo de serviço para me aposentar. Ele começou a rir e me convidou para acompanhá-lo em uma viagem a Brasília, mas decidi retornar para casa e ficar o mais escondido possível.

Certo dia recebi um telefonema do Gushiken. Ele assumiria a Secretaria de Comunicação e queria pessoas conhecidas nas áreas de comunicação nas principais estatais. O Gushiken já havia falado com o presidente do BB e desejava que eu assumisse a diretoria de marketing do Banco do Brasil, e assumisse como conselheiro da Previ, desta vez indicado pelo banco, e não pelos funcionários do banco, para continuar o trabalho de enfrentar o Opportunity e outros rapinadores que continuavam por lá.

Sabendo que eu teria alguns problemas, pois a Andrea não queria sair do Rio e nunca quis ir para Brasília, o Gushiken disse que essa minha indicação seria apenas para o início do governo, faria este trabalho por um período e depois poderia retornar ao Rio, pois estava praticamente em fase de me aposentar. Eu não estaria sozinho, o Santa Rosa, amigo do Sindicato dos Petroleiros, assumiria a diretoria de marketing da Petrobras. Como o convite feito era mais para uma fase inicial do governo, não quis fugir da raia. O Casseb me ligou informando sobre o cargo e para eu ir para lá.

Passado um mês e meio do convite, fui informado de que tomaria posse dia 17 de fevereiro. Tudo isso me deixava desconfiado, não era bem o que eu imaginava que seria. No período entre o final da campanha até a posse como diretor de marketing eu ainda gozava de licença-prêmio no banco, pois tinha muitos benefícios acumulados. Tinha direito também a um período de seis meses de molho, uma espécie de quarentena, instituída pelo banco para quem ocupasse cargos de primeiro escalão. Esse período era para evitar que alguém saísse do banco e fosse para um concorrente tentar repassar informações. Então acabei sendo nomeado como diretor de marketing do Banco do Brasil e presidente do Conselho Deliberativo da Previ.

A Diretoria de Marketing do banco contava com aproximadamente dois mil funcionários, ou vinculados à diretoria de marketing, propriamente dita, ou aos centros culturais Banco do Brasil. O orçamento da diretoria era de 150 milhões de reais anuais, além de alguma arrecadação residual, porque nas exposições se cobravam ingressos simbólicos de alimento para o Fome Zero, ou para apoiar outros programas conveniados. Além dos centros culturais, a diretoria de marketing abrigava também a área de promoção, que incluía o esporte, as seleções feminina e masculina de vôlei, o vôlei de praia, o tênis, e, ainda, toda a área de propaganda.

Quando fui tomar posse percebi que aquela demora não se devia ao acaso. Houve algumas negociações não muito claras: tomei posse no dia 17 de fevereiro, mas dois dias antes os contratos de publicidade tinham sido prorrogados por mais seis meses, e as agências de publicidade que atuavam tinham vínculos muito estreitos com o governo anterior.

Fui ao presidente do banco e propus levar algumas pessoas da minha confiança para trabalhar comigo. Ele não concordou e me pediu para esperar um tempo.

A (não) autonomia das diretorias no BB

O banco funcionava com comitês. Caso o patrocínio fosse de até R$ 300 mil, a diretoria de marketing, composta por sete pessoas – os gerentes de marketing e o diretor –, bastavam para aprová-lo. Acima do valor, de R$ 300 mil a um milhão e meio de reais, deveria ser primeiro aprovado pela diretoria de marketing e, em seguida, remetido ao comitê superior, do qual, dependendo do tipo de evento, participavam de 17 a 21 pessoas. Acima de 1 milhão e meio de reais, o pedido de patrocínio era remetido à diretoria executiva do banco, o conselho diretor. Então deveria ser aprovado em duas instâncias para, após ser referendado pelos vice-presidentes e presidente do banco, ser efetivado. Esse processo de aprovação de mais de um milhão e meio envolvia em torno de 40 pessoas.

O interessante é que, mesmo com todas essas instâncias e pessoas envolvidas para a aprovação de patrocínio, fui acusado de roubar um dinheiro que sequer constava no orçamento do banco. Algo surreal, notadamente tendo em vista que eu não tinha alçada individual nenhuma para aprovar um único real. Se eu quisesse comprar algo com dinheiro do banco, mesmo que fosse uma caixa de fósforos, dependeria no mínimo de mais sete pessoas. Por exemplo, para uma exposição agropecuária, a área de negócios do banco, vinculada a este setor, propunha a participação do banco. Os técnicos debatiam sobre o que seria necessário fazer e, a partir disso, era estipulado um orçamento. A ideia sempre partia de uma área de negócios e era remetida ao comitê de marketing já com aprovação e indicação dessas pessoas. Trata-se de um processo muito bem estruturado e filtrado. Depois da decisão, já não era a área de marketing que fazia as contratações da montagem de estande ou da confecção de brindes, justamente para evitar interferência junto ao fornecedor.

Depois de contratado o serviço, quem pagava não era a área de marketing, nem quem contratou. A responsabilidade passava a ser da área de infraestrutura. Após isso, o processo passava pela diretoria de controle, que fazia uma espécie de *compliance*. Esse modelo de controle foi efetivado no BB em 1996, uma condição para o banco não ser mais utilizado como ferramenta política, prática largamente realizada até o governo Collor.

....

Nenhum dos órgãos de controle e fiscalização internos do banco detectaram algum desvio, nenhuma irregularidade foi encontrada. Tenho cópia de todas as auditorias, e estes documentos foram enviados para o Ministério Público e STF. Esses documentos deixam claro que o BB não era proprietário dos recursos do fundo Visanet. Também descrevem como foram utilizados os recursos sobre os eventos que foram patrocinados. Tudo isso foi ignorado pela PGR e pelo Supremo. Vamos te condenar porque vamos te condenar, pronto!

Os delatores dos grupos políticos de oposição ao PT estavam acostumados com o modelo de gestão anterior, e supuseram que o mesmo acontecia conosco, ou seja, que havia mensalão. Como nada encontraram, mas entendiam que não poderiam recuar, criaram uma narrativa que dependia de me envolver, independentemente da limitação da minha alçada. Fizeram tudo tropegamente, à margem dos fatos e da realidade, é incrível que tenha prosperado.

A denúncia foi feita justamente por quem antes fazia mensalão, e deduzia que os mesmos métodos utilizados anteriormente estavam vigendo. Como o Marcos Valério operava o mensalão mineiro, concluíram que ele estava fazendo o mesmo com o PT. Porém não conseguiram apontar um único deputado recebendo dinheiro do mensalão. Da mesma forma, não foi encontrado nenhum documento do banco apontando saída de dinheiro. O denunciante, o procurador, os parlamentares, o Ministério Público e quem julgou, condenaram uma ficção. Mas as denúncias e condenações foram mantidas. A Lava-Jato teve nuances parecidas.

Acabei condenado sem crime ao exercer um cargo que jamais pleiteei. Sim, procurei evitar um cargo de primeiro escalão no BB no governo Lula, por perceber que as coisas iam sendo cedidas de uma maneira muito fácil. As mudanças que tínhamos expectativa em fazer desde a época do Betinho começavam a ser empurradas para o canto.

Meu sonho, cuja realização eu abraçaria prontamente durante o governo do PT, era criar um banco ecológico. Tinha trabalhado em cima disso, havia conversado com pessoas e visitado alguns países. Imaginava que naquele momento, e com as condições e peculiaridades do Brasil, um projeto de banco ecológico seria algo extremamente estratégico. Buscaríamos recursos para financiar a preservação dos nossos ecossistemas de forma a monetizar um novo valor para o Brasil, uma nova fonte de renda. Percebi que isso incomodava um pouco um grupo que circulava em torno do Ministério da Fazenda, que já tinha feito alguns acordos com a nata do sistema financeiro do Brasil.

Uma das primeiras pessoas que me estimularam a assumir a diretoria do BB e estava na assessoria do Lula foi o Frei Betto. Logo que assumi, ele nos procurou pedindo apoio para operacionalizar uma campanha de arrecadação e distribuição de alimentos. A primeira coisa que podíamos fazer era pedir, a quem fosse assistir aos jogos de vôlei que promovíamos, o ingresso simbólico de um quilo de alimento não perecível. E foi assim que se começou a arrecadar toneladas e mais toneladas de alimentos. Em exposições agropecuárias de que participávamos, estimulávamos as empresas que estariam presentes a fazerem doações para o Fome Zero. Numa das primeiras exposições chegamos a arrecadar 160 toneladas.

Foi o BB quem trouxe a torcida organizada para o Brasil. Era feita a distribuição de camisetas para o público, ficava aquele colorido nas arquibancadas. E começamos a pôr nas camisetas, além do nome Banco do Brasil, o nome do programa Fome Zero. Usávamos também um equipamento de som, além de animadores, que, como nos programas de auditório, incentivavam a torcida. Quando era cantado o hino nacional era arrepiante, porque eles tocavam a introdução e o povo cantava o hino.

O Frei Betto precisava de apoio na divulgação, então criamos o projeto Embaixadores do Fome Zero, vinculando a ele o Banco do Brasil e a venda de cartões Visa. Este projeto contava com a participação dos atletas de vôlei, ganhadores da primeira medalha olímpica de ouro, conquistada em Barcelona em 1992.

Os ex-atletas Carlão, Giovani, Tande, Paulão divulgavam o Fome Zero, o cartão Visa e o Banco do Brasil.

Por vezes os superintendentes do banco precisavam de apoio para disputar contas de prefeituras ou de alguma empresa, a fim de levar suas folhas de pagamento para o banco. Então nos pediam que cedêssemos os atletas do vôlei para fazer um reforço na abordagem comercial. Os atletas iam às cidades, ficavam muitas vezes uma semana visitando empresas, secretarias de educação e cultura, levando bolas, camisetas, distribuindo autógrafos, concedendo entrevistas, promovendo o BB. Realizavam sessões de autógrafos em *shoppings centers* e universidades e quem recebesse um brinde autografado, contratava, em troca, um cartão de crédito OuroCard Visa ou abria uma conta universitária no banco. Houve época em que vendíamos 15 mil cartões por dia, e o BB ia batendo todas as metas com muita folga.

O Guga Kuerten, jogador de tênis, também promovia o BB, principalmente a área *privê* do banco. Os clientes *VIP* queriam autógrafo, bolinha de tênis... os pais levavam as crianças... e tudo isso era negócio. Claro que este movimento mexeu com a concorrência, pois ela não tinha uma estratégia de marketing como a nossa para competir no mercado.

Como não havia centros culturais no Brasil inteiro, foi criado o Circuito Cultural Banco do Brasil, que era itinerante. Negociávamos uma praça com a prefeitura, e armávamos tendas nela durante 15 dias. Havia apresentação de vários artistas regionais, desde mágicos a cantores sertanejos. Nos últimos dias, esses eventos contavam com a presença de artistas de renome nacional. Distribuíamos ingressos para os clientes do banco, desde que tivessem um determinado número de negócios com ele. Trabalhamos muito nessa estratégia.

Os eventos que promovíamos sempre tinham uma preocupação social. O significado de levar os jovens da Febem para juntar as bolas nos jogos de vôlei é muito grande. O pilar das nossas ações era o setor social. Mostramos que era possível utilizar ferramentas do marketing com finalidade social e de promoção humana.

Descendo a ladeira

A história não faz rascunho e não nos faculta voltar atrás. Me permito aqui uma digressão. As pessoas que participaram do golpe em 2016 são cúmplices de uma trama sinistra, profundamente antidemocrática. Nessa trama, a leviandade e a prepotência ocuparam todos os espaços. Foi um projeto minuciosamente planejado. Bolsonaro não enganou ninguém e os que optaram por ele estavam cientes da escolha que faziam: ou foram relapsos ou foram cúmplices.

Voltando. Jogaram o governo Lula na defensiva. O PT teve que fazer acordos para se manter no poder, acordos que não faziam parte do seu projeto político. Planejaram muito bem a trama e encurralaram o partido.

Mas é impressionante como o tempo clareia tudo. Uma pesquisa recente revelou que a população vê o Lula como a pessoa com maiores condições de combater a corrupção. O golpe levou o PT e o Brasil à derrota das derrotas.

Minha ida a Brasília não me trouxe grande entusiasmo. À medida em que fui tomando pé da situação do governo, de coisas que aconteciam, de como estava montada a estrutura do Banco do Brasil e do Banco Central, nada disso batia com minhas expectativas. Então, quanto mais trabalho eu tinha, menos tempo sobrava para refletir. No entanto, o funcionalismo do Banco do Brasil vinha em um processo de crescente entusiasmo desde a época do Governo Itamar, com a campanha do Betinho e do Dom Mauro. Acumulou-se uma expectativa muito grande. Mas de repente colocaram uma série de restrições às nossas ações. O próprio presidente do BB, Cássio Casseb, não tinha nenhum histórico com o banco e era vinculado ao PSDB. De 28 diretores, éramos apenas três assumidamente petistas, embora a imprensa a todo momento noticiasse que o banco estava sendo aparelhado.

Petistas assumidos na diretoria do banco eram o Expedito, diretor de Recuperação de Ativos de Risco, o Juraci Maziero, de Recursos Humanos, e eu. Os demais se diziam técnicos independentes, mas vinham de governos anteriores. Dos sete vice-presidentes apenas o Cerqueira César e o Luiz Osvaldo eram petistas; todos os demais não faziam questão de dizer que eram do PT, apenas se aproximaram do partido para assumir cargos ou permanecer nos que já ocupavam. Vários vinham de funções semelhantes em governos anteriores.

Quando queríamos falar alguma coisa sobre nossos projetos em termos de grupo, preferíamos ir para um local fora do banco. Isso criava uma situação bastante desconfortável, gerava constrangimento. No início, defendíamos (eu particularmente me empenhei nisso e fui derrotado) que no banco houvesse uma Diretoria de Valores, uma vice-presidência, algo muito além do que uma diretoria financeira. Pois a função do banco é justamente trabalhar com valores. Mas fomos barrados. Também fomos derrotados na proposta do banco ecológico. Manteve-se a estrutura do governo tucano, se criou uma gerência de responsabilidade social na diretoria vinculada aos recursos humanos, quando na verdade deveríamos ter uma vice-presidência. Projetos foram reduzidos.

Além da proposta do banco ecológico, o banco passou por cima de tudo o mais que propúnhamos, e manteve-se a mesma antiga estrutura. Ao menos na minha área, tentamos apresentar uma cara nova do banco. Dividimos os centros culturais Banco do Brasil para além dos três que já estavam estruturados e funcionando. Trabalhamos para a ampliação da cultura, criando o Circuito Cultural Banco do Brasil, uma espécie de centros culturais móveis, itinerantes, onde se faziam, durante uma ou duas semanas, promoção de eventos culturais nas principais cidades do Brasil.

Contávamos com a gerência de propaganda realizando toda a parte de comunicação, como comerciais, rádio, TV e divulgação. Criamos uma área de promoção responsável por organizar todas as feiras, eventos de esportes, tudo que levasse o nome do Banco do Brasil, e uma outra responsável pela assessoria de imprensa. Depois de um ano de muita luta, conseguimos criar uma gerência de controle interno, incluindo uma área de *compliance*, que foi aprovada somente no final de novembro de 2003, responsável pela conferência de documentos remetidos ao banco. Qualquer pedido recebia um protocolo e imediatamente era cadastrado no sistema aberto, de conhecimento de todos, com uma previsão de data para o despacho.

A área de *compliance* tinha como objetivo evitar intermediários. Todos os pagamentos e decisões eram enviados a esse sistema público, obedecendo à lógica de que ninguém decidia nada individualmente. Todas as decisões eram tomadas em comitê, com outro cuidado: as demandas, licitações, compras, pagamentos e auditoria eram realizadas por áreas distintas, responsáveis cada uma por uma etapa.

Por essas razões a narrativa que foi disseminada sobre o mensalão é de uma pirotecnia alucinada... zomba da inteligência das pessoas, pois foge à lógica mais elementar. Vai completamente de encontro ao organograma do banco, que já foi descrito. Esse modo de gestão foi adotado na época em que eu era conselheiro representante dos funcionários. O objetivo era dar uma blindagem ao banco, e por isso o BB não aparece em nenhum escândalo. O ex-presidente do banco só foi envolvido na Lava-Jato depois de deixar seu cargo e assumir um posto na Petrobrás. O próprio Marcelo Odebrecht afirmou saber como funcionava o Banco do Brasil, sabia que ali não conseguiria nada, em função do modelo de gestão adotado.

Outra iniciativa que logo no início tivemos no marketing do banco foi adotar como diretriz do BB representar o Brasil. Se o banco é do

Brasil, pensamos, então a diversidade de raças, cores, ecossistemas, cultura, línguas e sotaques deveria ser mostrada pelos comerciais institucionais.

Elaboramos um novo visual, por exemplo na campanha Gestos, em que pessoas negras, indígenas e orientais representaram nossa gente. Em outro havia a imagem de um cofre que, ao ser aberto, mostrava o Pantanal, a Amazônia, as festas populares, agricultura, a água, o sol do Brasil, minérios, nossas danças e músicas, passando a ideia de que o Banco do Brasil é guardião desses valores e responsável por preservar nossas riquezas. Perdemos por não ter uma diretoria de valor, mas nos comunicamos de maneira correta.

Foi aprovado um plano estratégico e, no momento de fazer os comerciais, nós os fizemos conforme o plano. Colocamos em anúncios de jornais pessoas homossexuais, abordamos a questão das mulheres. Muita gente fazia piadinha, mas para poder impedir esses comerciais era preciso ter argumentos e votos. E essas pessoas não tinham. Trabalhamos dentro da vertente da diversidade brasileira, o Banco do Brasil não era mais representante de uma elite do tipo «zona sul», de pessoas brancas. Essas campanhas obtiveram muita adesão, na medida em que o povo se identificava com elas. O número de clientes crescia assustadoramente.

Na Alemanha ganhamos prêmios de publicidade e propaganda pela criatividade, por ações que iam desde o vôlei e torcidas organizadas (invenção genuinamente brasileira) até animador de torcida. Quando promovíamos esses eventos sempre os conciliávamos com os programas sociais. Em qualquer evento realizado, seja esportivo, seja de negócio e até numa exposição agropecuária era feita uma promoção e uma arrecadação para o programa Fome Zero.

Algumas áreas do governo queriam atender a vontades de parlamentares e políticos, contudo, o banco tinha uma grade técnica. Se determinado político desejasse realizar um festival de música em seu curral eleitoral, era apresentado ao banco um projeto e a equipe técnica avaliava se esse vento era ou não de interesse do banco. Havia áreas estratégicas para a promoção de eventos. Se fosse algo que atendesse aos planos de estratégia, fazíamos um estudo de orçamento. Como dispúnhamos de um arquivo técnico que fazia comparação de valores para divulgação, caso o projeto de evento fosse aceito, já era determinada sua precificação, para não haver possibilidade de superfaturamento do projeto proposto.

Um relatório era produzido mensalmente, apontando onde cada centavo havia sido investido, incluindo-se aí outdoor, relógios, mobiliário urbano, comerciais, publicação em jornais ou revistas. Esses relatórios nos proporcionavam que tivéssemos os termos comparativos. Determinados meios de divulgação tinham observações específicas além dos custos, como público-alvo e tiragem de material impresso. Também era avaliado, como se o público alcançado era realmente de interesse para os negócios do banco. Todos os cruzamentos de informações eram em grande maioria automatizados e o banco foi acumulando esses dados.

Nosso objetivo era agregar valores. Quando um evento de vôlei de praia era realizado em alguma cidade, fazíamos negociações com a prefeitura e a associação comercial do local. Um shopping center cedia o estacionamento para colocarmos areia e armar as quadras. Em paralelo, negociávamos com as escolas e com a Febem, para os garotos serem gandulas das partidas. Nós entendíamos que essas ações eram uma forma de integrar e fazer promoção humana. É claro que havia também o estímulo ao esporte e à educação.

Em troca, as áreas de negócios do banco cresciam, a prefeitura trazia as contas para o Banco do Brasil, suas folhas de pagamento, contas de empresas parceiras... Era colocado um terminal de caixa do Banco do Brasil dentro da prefeitura.

O Ziraldo esteve conosco durante quase um ano, indo principalmente a escolas. Tudo que pudesse ser um diferencial de negócio a gente trabalhava dentro do aspecto cultural.

Atingimos nosso objetivo porque o povo entendeu o banco como sendo dele, houve uma identificação. Atingimos o público jovem, as contas universitárias explodiam, superamos todas as metas. Em termos de agronegócio, batemos recorde em todas as feiras. As aberturas de novas contas eram de oito a dez mil por dia. O BB voltou a ser o maior banco do Brasil.

Quando decidimos trazer a exposição África, até hoje a exposição mais visitada do banco, o público chegou a quatro milhões e oitocentas mil visitas nos centros culturais do Rio, São Paulo e Brasília. Tempos depois fizemos A História da Pré-História, evento que contou com patrocínio para proporcionar aos quilombolas uma visita exclusiva, numa segunda-feira, quando os centros culturais eram fechados. Abrimos o espaço para trazer as pessoas, o público levava contribuições para o Fome Zero ou pagava um ticket simbólico revertido ao programa Arcas do Saber, dos assentamentos dos Sem Terra. O Fome Zero foi expandido no Brasil inteiro e os atletas do vôlei viajavam país afora vestidos de promotores dele.

Chegou um momento em que a marca Banco do Brasil era a mais lembrada como banco. Ganhamos tudo que se possa imaginar de prêmios, não só no Brasil como em outros países. Fui convidado a ir para Chicago receber prêmios de estratégia de marketing juntamente com a MasterCard, Coca-Cola, McDonald's.

O Banco do Brasil passou a ser tão presente no imaginário popular que as empresas de pesquisa e acompanhamento técnico nos sugeriram tomar cuidado para não saturar o público, pois era muita imagem na memória das pessoas.

Naturalmente, tudo isso contrariava muitos interesses, que muitas vezes acabaram prevalecendo. Conseguiram destruir todo esse saber, todo esse vigor, que materializou uma das experiências mais inovadoras do mundo no setor, e apagar da memória popular essa integração do Banco do Brasil ao cotidiano social, cultural e desportivo do país.

Embaixadores olímpicos

O banco tinha como opção estratégica o patrocínio do vôlei e do tênis já desde a época do Governo Collor. A partir dessa decisão, fomos agregando estudos e trabalhos para que pudéssemos ampliar a conotação que naturalmente o patrocínio destes esportes davam ao banco. E, mais que tudo, estruturamos um começo, meio e fim de cada atividade. Já existiam contratos com a Confederação Brasileira de Vôlei (CBV) e definição dos patrocínios principais para a seleção. Durante minha gestão, de fevereiro de 2003 a junho de 2005, criamos o programa Embaixadores Olímpicos, composto pelos atletas medalhistas de ouro na olimpíada de Barcelona em 1992, mas que não estavam mais atuando na seleção. Utilizávamos a imagem dos jogadores na divulgação de produtos do banco e do Fome Zero. Eles eram remunerados pelo BB e fizeram também trabalhos para os cartões Ourocard Visa, ligados ao banco e com recursos da Visanet. Os atletas eram ótimos vendedores, pois o foco naquele momento era o público jovem e universitário. Eram eles os alvos em que mirávamos para comercializar os cartões Visa, cartão Universitário e cartão Pré-Pago.

Era elaborado um plano anual estratégico e, mais tarde, criávamos as ações pontuais, definindo metas a serem alcançadas. Havia duas vertentes para o marketing e comunicação: uma voltada para a parte dos produtos do banco e a outra, institucional, voltada para fixar a imagem do banco em relação à nacionalidade, à missão e função do banco para o desenvolvimento do país, tanto na área da propaganda (comerciais, materiais de divulgação, na publicidade em jornais, revistas, rádio), como de patrocínio, que abrangia esporte, cultura e eventos.

Os produtos que o banco oferecia consistiam em abertura de conta, adesão ao cartão, cheque ouro, empréstimo pessoa física, jurídica e corporativo. Uma outra carteira de produtos era vinculada à seguridade de veículos, casas, ao seguro de vida, abrangendo a área de previdência e de saúde.

Também fazia parte do projeto estratégico agregar a marca do banco a valores, como o da solidariedade. O Fome Zero é um exemplo. Nos eventos de música e teatro, ao mesmo tempo em que existia o patrocínio, também ocorria a vinculação a valores culturais. O banco tinha uma imagem muito antiga, e conservadora. Nosso projeto era rejuvenescer a imagem e incentivar o interesse dos jovens pelo banco.

O orçamento anual para o esporte girava em torno de R$ 30 trinta milhões. Para a cultura havia um valor um pouco maior. Fazíamos uma dimensão na aprovação do orçamento em função do próprio desempenho, estabelecendo que poderiam ser feitos alguns remanejamentos e ajustes.

No vôlei patrocinávamos a CBV e, a partir dela, tínhamos a seleção e seus atletas, tanto o vôlei de quadra, quanto o de areia. Realizávamos circuitos nacionais de vôlei de praia, nos quais, além do patrocínio direto, fazíamos a organização dos eventos, como preparação da arena e transporte, manejando recursos que se aproximavam dos R$ 50 milhões. A Olimpíada de Atenas também passou a ser contemplada. A mesma coisa ocorria na área da cultura.

A seleção estava dentro desse projeto e patrocínio com a Federação. Os atletas embaixadores possuíam um contrato mensal. Alguns atletas do vôlei de praia também tinham contratos mensais, muitas vezes compartilhados.

No tênis patrocinávamos o Gustavo Kuerten e o Sareta. Eles participavam do torneio da Costa do Sauípe, que contava inclusive com a presença dos embaixadores do vôlei. Eventualmente apoiávamos outros eventos, como as olimpíadas universitárias, que se encaixavam no propósito do banco de alcançar o público universitário e jovens em geral. Uma vez patrocinamos a festa de peão de boiadeiro, procurando contemplar a área de agronegócio atendida pelo banco. Não havia projetos exclusivos, íamos dimensionando-os, testando-os e semanalmente fazíamos ajustes e medíamos os resultados, realizando um balanço econômico e outro social.

As ações de promoção da imagem do banco já existiam quando assumi a diretoria de marketing. O que fizemos foi a renovação ou mudança de contratos, alteração do foco, escolha do tipo de patrocínio e atletas e o plano de estratégia. Fomos realizando ajustes a partir da definição dos negócios e objetivos do banco.

Uma semana antes das competições do campeonato do circuito nacional de vôlei de praia visitávamos as escolas, fazíamos torneio com o pessoal da região em parceria com as prefeituras e empresas. Pessoas que queriam jogar vôlei organizavam os times e acontecia uma espécie de campeonato regional, um estímulo ao esporte.

No momento de definir as ações, vários fatores eram analisados. Ao definir exposições e eventos nos centros culturais, demos enfoque na identidade do Brasil. Foi por essa razão que realizamos as exposições África e A História da Pré-História: demos prioridade ao resgate da história do Brasil e formação de sua população.

Mudamos o panorama com um todo. Saímos da visão puramente financeira para abordarmos valores como o da diversidade e o resultado foi bastante impactante, muito visível. Em lugar de modelos ajustados a um estereótipo distante da maioria da população brasileira, optamos por utilizar em todas as peças publicitárias a miscigenação, característica principal do Brasil. Visávamos tanto resultados como equidade. Por exemplo, até então, o banco não oferecia nada ou muito pouco para a população negra; não tinha enfoque nas mulheres; refutava qualquer referência aos LGBT. Aliás, nós realizamos pequenos patrocínios para a parada gay, porque lá estavam milhares de clientes, de brasileiros. Afinal, o Banco era do Brasil.

Na área de cultura o carro-chefe eram os Centros Culturais Banco do Brasil e os circuitos culturais, que eram realizados a cada 15 ou 20 dias em nas capitais ou cidades-polo que não contavam com os centros. Tudo relativo à cultura brasileira era promovido, sempre havia música, cinema e teatro. Durante a semana preparatória havia um mini festival, os artistas faziam suas inscrições e apresentavam-se. Concluíamos os últimos três dias de evento com artistas de renome nacional.

Neste período, desenvolvemos uma tecnologia de medição de investimento e retorno em todas as áreas que se tornou referência mundial. Medir e interpretar o que os números apontavam em retornos financeiro e social não é fácil, pouquíssima gente sabia fazer isso. Até eu assumir, essas medições eram feitas de forma muito residual. Em alguns momentos a marca Banco do Brasil ficava tão exposta que causava quase uma saturação, então precisávamos recuar. Medíamos também o valor da marca do banco. Várias vezes esse valor foi estimado em mais de 40% do patrimônio líquido do BB.

Queríamos saber qual seria o potencial de adesão, quando aparecesse a marca Banco do Brasil. Era enorme, gerando para o banco muita notoriedade internacional, prêmios e convites que iam desde festival de Cannes até eventos em Chicago. Éramos estudados em universidades de publicidade.

Superamos a concorrência em tudo. Mesmo o banco sendo o segundo acionista participante dos cartões de crédito Visa, vendemos muito mais do que o primeiro acionista: em número de clientes superamos o Bradesco, aliás todos os bancos que na época do Fernando Henrique tinham colocado o BB em segundo ou terceiro lugar. Entre a opção dos jovens, estávamos praticamente em quinto lugar. Nesse quesito, alcançamos um crescimento de 138% além da meta estipulada. Superamos o Bradesco, que era o maior vendedor do Brasil nesta área, e o Itaú, que fazia uma campanha agressiva para o público jovem. Supor que isso tenha influenciado o ataque contra mim no mensalão não é necessariamente um disparate.

Durante o mês de agosto já havíamos cumprido na BB DTVM a meta de capitalização para dezembro. Claro que existia também toda uma energia no Brasil, e aproveitamos tudo isso. Criamos uma identidade, fomos ultrapassando os concorrentes e assumimos a liderança. O envolvimento dos funcionários também deve ser destacado. Pela primeira vez uma festa com todos os funcionários foi realizada; rodamos o Brasil em dezembro, uma forma de retribuir, confraternizar e agradecer o empenho dos funcionários.

A concorrência começou a perceber que o jogo era sério. Em governos anteriores tinham um facilitador ou alguém que segurava o freio do Banco do Brasil e das empresas estatais para dar mais espaço à iniciativa privada. De repente esse freio foi solto e trabalhamos com toda energia.

Em determinado momento o banco de investimento deixou de informar a estratégia de marketing de cartões na VISA, já que essa informação obviamente abria nossa tática para os concorrentes. Inclusive durante a CPMI o Osmar Serraglio tratou nosso método como algo ruim, políticos alegavam que não havia transparência. Essa demanda, por parte do Osmar Serraglio, pelas estratégias do BB era algo suspeito, sugeria que ele estava sendo incitado pelos concorrentes privados do banco e falava em nome deles. Anteriormente o banco discutia a estratégia de venda de cartões junto com os demais vendedores. Mudamos essa forma de trabalho, pois, se éramos concorrentes, não fazia sentido abrirmos nossa estratégia.

Na área de DTVM, correspondente a corretoras e títulos imobiliários, o banco cresceu de maneira tal que deixou as demais corretoras para trás. Na área de previdência, tínhamos a privada e corporativa. O número de planos individuais vendidos gerava forte concorrência e incomodava a ponto de quererem fazer lobby para colocar pessoas deles na direção dessas empresas, tanto da área de seguro como de previdência. Em governos anteriores, as empresas concorrentes sempre tinham acesso a informações privilegiadas do governo, de modo a favorecer seus próprios negócios.

Quando assumi a diretoria de marketing do BB, acumulei simultaneamente a presidência do conselho deliberativo da Previ, onde se definiam as questões estratégicas. Aprovamos, tanto na diretoria administrativa como no conselho, uma diretriz em que em todas as empresas das quais a Previ era acionista, os nossos conselheiros deveriam encaminhar e tentar aprovar, no conselho de administração, a preferência do tipo de negócios bancários que seriam realizados com o Banco do Brasil. As empresas – Embraer, Vale, Brazilian Food – tinham entre seu capital principal recursos do fundo de pensão dos funcionários do BB, composto por dinheiro do banco e de seus funcionários. Portanto queríamos fortalecer o banco, uma vez que o dinheiro era oriundo dele.

Em 2003 o patrimônio líquido do banco ultrapassaria a casa dos cem bilhões.

A concorrência se baseava no princípio de ninguém fazer propaganda ou marketing desleal, mesmo porque há os conselhos e toda uma estrutura de controle. Não se fazia jogo bruto. A concorrência era acirrada, porém o mercado também cresceu. Após terem sido feitos vários testes, o banco entrou no setor de consignados. Em pouco tempo foi um arraso, o BB passou a ter a maior carteira de consignados. Claro que, paralelamente a isso, fizemos acordo com sindicatos, CUT, centrais sindicais e houve todo um processo de colaboração. Conseguíamos a folha de pagamento de empresas e já oferecíamos o consignado.

A partir daquele momento os concorrentes perceberam estar num o jogo de condições iguais, leal, correto, mas de concorrência. Não era como antes, quando se fazia um jogo pelas entranhas do governo, como na época do Fernando Henrique ou outros governos (o que continuou a ser feito depois). Hoje, o exemplo típico, o BB vendeu uma carteira de R$ 1 bilhão e trezentos milhões de reais de recuperação de ativos por 200 milhões para o banco BTG Pactual, ligado ao atual ministro da economia Paulo Guedes.

Quando entreguei o cargo, fui substituído pelo Paulo Cafarelli. O banco foi caindo gradativamente depois dessa fase, desde a exposição inicial da marca.

Há na área de marketing a prospecção de negócios: não é só vender algo, é perceber por onde virão as novas vertentes. E nós nos antecipamos muito. No agronegócio, onde o banco praticamente dominava os grandes eventos de *agribusiness*, nós fomos fazendo prospecções.

A CPMI demonstrou de forma muito clara como a concorrência atou e como havia uma ingenuidade de alguns parlamentares e cumplicidade de outros. Havia pessoas desempenhando um papel duvidoso e trabalhando com a desinformação; órgãos do governo, como o TCU, sempre trabalharam pela iniciativa privada. Hoje também, o TCU é um sindicato da iniciativa privada, o tempo inteiro. Luis Eduardo Magalhães, Eduardo Paes, Ônix Lorenzoni, Delcídio Amaral, muitos outros tinham e têm como negócio colocar pedra no caminho para outros poderem chegar primeiro.

Na área de cartões, quando envolveram a Visanet, perceberam que não havia mais como jogar limpo. Deve ter ocorrido muita coisa até hoje não revelada, pois com a Visanet, dona do dinheiro, não aconteceu nada, arrumaram um outro culpado. A Visanet, que liberou o dinheiro, que fez tudo, passou imune. Contratou uma assessoria a peso de ouro para ficar trabalhando a seu favor em tempo integral, há cópias de alguns relatórios. No Congresso a empresa fazia lobby, agradava os deputados. Então tudo se passou como se não tivesse acontecido nada.

Se esses políticos não quisessem ser tão canalhas era só chegar a público e mostrar os balanços que apontavam que não havia sumido nenhum centavo do banco, era só trazer as auditorias. É óbvio que havia todo o interesse em frear nossa iniciativa. Hoje é fácil entender todo o jogo. Mas jogos assim são tão corriqueiros e, ao mesmo tempo, tão complexos que a mesma coisa foi feita com a Petrobras: destruíram um governo para não ter concorrência.

A diretoria de marketing do BB sofreu uma devassa, colocaram lá alguém que não desagradava os bancos privados, como já acontecia com a própria presidência do BB.

A denúncia

Em meados de junho de 2005 fui surpreendido por uma entrevista do Roberto Jefferson, na qual ele dizia que o dinheiro que lhe havia sido entregue por Marcos Valério tinha a cinta de identificação do Banco do Brasil. O Marcos Valério era proprietário de uma agência de publicidade, a DNA, vinculada à diretoria de marketing. E, de fato, prestava serviços ao BB desde 1996.

Fiz uma nota para a imprensa, falei com o presidente, Rossano Maranhão, esclarecendo que estavam passando uma imagem errada, pois o BB atua pelo Banco Central como distribuidor de moeda. Na grande maioria dos casos quem realizava a contagem, empacotamento e colocava a cinta de identificação em torno dos bloquinhos de dinheiro era o Banco do Brasil, porém o fato de ter essa cinta do BB não queria dizer obrigatoriamente que o dinheiro tenha saído do banco.

Achei muito estranha a correlação feita entre o Marcos Valério e a área de marketing do BB. Naquele momento desconfiei que podiam estar armando algo muito maior, tentando envolver outras pessoas, contudo era muito difícil decifrar essa trama. Em agosto fui mais uma vez surpreendido ao ser chamado à CPMI, pois os acontecimentos não tinham nenhum vínculo comigo, eu não fazia parte da direção do partido, não estava ocupando nenhum cargo indicado pelo partido. Era funcionário de carreira do banco, não existia nenhum fato que pudesse justificar minha convocação. Tentavam me vincular ao fato de eu ter trabalhado na campanha do Lula e ser do PT. Percebi que a CPMI estava sendo conduzida de uma forma nada honesta. Fui convocado à noite para depor na manhã do dia seguinte. Tive de ir.

Perguntado sobre qual era minha relação com Marcos Valério e quantas vezes havia o encontrado, respondi que praticamente não tinha relação alguma. Sabia que ele era um dos donos da empresa, porém quem ia constantemente ao banco era Francisco Castilho, o outro proprietário. O Marcos Valério foi algumas vezes ao BB, como todos os donos das principais acionistas das empresas de marketing. Fui questionado sobre a Visanet e a arrecadação de recursos da campanha do Lula. Eu tinha pouca informação a respeito disso. Afirmei não ter nada a ver com aquilo tudo, vez que, no banco, eu não era o responsável pelas questões da Visanet, nunca ocupei qualquer cargo na Visanet ou no PT. Perguntam ainda sobre um dinheiro que o Marcos Valério tinha distribuído para os diretórios do PT. Como eu não era da direção do partido, nunca havia participado dessas decisões.

Nesse período decidi me aposentar, até para não ficar tão exposto e para não expor o banco e meus familiares. Em novembro, o Serraglio apresenta um resumo das conclusões da CPMI, colocando o Banco do Brasil como o grande financiador, através da Visanet, e eu como diretor de marketing liberando dinheiro. Parecia uma loucura, porque não tinha nada meu ali. O que foi utilizado para me enredar foi um documento interno do banco com as assinaturas minha e de outros diretores. Mas mostravam apenas a minha, em um canto, como prova de que eu havia autorizado a Visanet a realizar alguma coisa. Eu nem sabia onde era a Visanet. O documento utilizado era uma nota técnica, uma forma das diretorias do banco se comunicarem entre si.

Com isso tudo, como meu pai, já com certa idade, entrou em crise, decidi ir para Santa Catarina passar alguns dias para atendê-lo e fazer-lhe companhia. Eu era o único filho homem ainda vivo. Nesse ínterim, foi publicada uma entrevista minha na revista IstoÉ Dinheiro, dizendo que eu recebia ordens do Gushiken. Jamais concedi a tal entrevista, mas por causa dela fui novamente convocado à CPMI.

Chegando em Brasília percebi existir ali uma bancada de parlamentares fazendo a política do banco Opportunity, cujo objetivo era me destituir da Previ, onde eu presidia o Conselho Deliberativo, porque minha atuação acabava atrapalhando interesses do banqueiro Daniel Dantas. Ao mesmo tempo, queriam também atingir o Gushiken, para voltarem a operar na Previ como nos tempos do Fernando Henrique Cardoso, controlando o dinheiro das pensões e aposentadoria dos trabalhadores. Entre outras coisas, a falsa entrevista procurava me indispor com Gushiken.

A jogada ficou muito clara: as perguntas eram distribuídas entre Onix Lorenzoni, Luis Eduardo Magalhães e Eduardo Paes, que formavam uma espécie de bancada do Opportunity. Ao mesmo tempo, mais alguns tucanos incriminavam o PT e o governo Lula por desvio de recursos públicos. Quando apresentei o organograma e o expliquei, eles não queriam saber nada do que eu tinha a dizer, já estava tudo decidido. Uma cena impressionante foi quando o Serraglio pegou um documento e mostrou o destino do dinheiro do Banco do Brasil que eu havia mandado. Pedi a ele que encontrasse alguma assinatura ou rubrica minha naqueles papéis. O Serraglio começou a folheá-los, não encontrou nada, jogou-os para um assessor e pediu para que desse um jeito de encontrar minha assinatura.

Minha esposa, a Andrea, me acompanhava. Perguntou ao então deputado Eduardo Paes por que estavam fazendo tudo aquilo. Ele pediu desculpas, mas afirmou ser seu papel, era preciso atingir o Palácio do Planalto.

Sob ameaças de prisão e acusação de estar mentindo, permaneci afirmando que as denúncias contra mim não eram verdadeiras: foi um espetáculo nojento. Entendi que a entrevista publicada na IstoÉ Dinheiro era paga. Nada novo, Lacerda e Assis Chateaubriand já faziam isso. Não há como se opor, eles afirmavam o que queriam, a Globo cobrindo da mesma maneira que voltamos a assistir recentemente: assumindo como verdade as acusações, sem dar o beneplácito da dúvida, menos ainda conceder paridade ao contraditório. O teatro estava montado. Buscaram mais coisas depois, procuraram por algo para tentar encaixar na narrativa já estabelecida. Aquilo virou essa grande farsa que foi o processo.

Na CPMI os parlamentares me cobravam: por que eu não apresentava um plano detalhado de marketing de utilização das verbas da Visanet para a Diretoria de Varejo do BB encaminhar à Visanet? Naturalmente, atendê-los seria entregar toda a nossa estratégia para a concorrência, já que, da Visanet, participavam todos os bancos concorrentes do BB. Nenhuma empresa faz isso, vai contra seus interesses. Mas, para os não-informados, soava como se não fôssemos transparentes, como se estivéssemos escondendo alguma ilicitude. A atuação desses parlamentares acabava tendo o triplo efeito de favorecer os bancos privados, minar a credibilidade do Banco do Brasil junto à opinião pública e acuar o governo do PT. É bem plausível que isso fosse calculado e fosse esse mesmo o intento deles.

Eu e Andrea retornamos ao Rio, ela muito mal. Não havia sossego possível com tanta coisa acontecendo. Minha irmã veio para nos acompanhar. Um dia estávamos em uma rua paralela de Copacabana, surgiram dois homens querendo me atacar no meio da rua, fui chamado de bandido! Restou nos trancarmos em casa.

Há coisas que evito relembrar... por exemplo, a maioria dos amigos ficou completamente contaminada pelo bombardeio da imprensa e acabou se afastando, alguns outros não se deixavam contaminar, mas tinham medo. Restou pouquíssima gente a nos apoiar e confortar. Na véspera de Natal, Andrea atendeu ao telefone. Era um advogado de Campinas colocando para fora todas suas frustrações. Andrea ouviu, ficou pálida, mas não disse nada. Ao fim, apenas perguntou ao advogado se não havia um outro dia para ele ligar. O advogado nada respondeu, encerrou a ligação.

Um ano e meio depois desse acontecimento, esse advogado me telefonou para me pedir desculpas. À medida em que foi vivendo suas próprias perdas, relembrava as palavras da Andrea ao questioná-lo se não havia um outro dia para nos telefonar. Recordava que, apesar de tudo que havia dito, ela desejou-lhe feliz natal. Ele próprio me relatou esse episódio e rogou meu perdão.

A raiva incontida das pessoas, misturada ao seu primitivismo e selvageria, nos abalou profundamente. O interfone tocava a todo momento. Precisamos trocar de e-mail; meu sobrinho foi hostilizado na escola; minha irmã, professora, era zombada... achei que íamos enlouquecer, não podíamos sequer usar o elevador... Andrea me aconselhou a não assistir mais à televisão, eu estava num processo de depressão e autodestruição.

Neste clima tenso, minha irmã decidiu nos levar para a Espanha, para passarmos um tempo lá. Estávamos há praticamente seis meses encerrados em casa no Brasil. No início de 2006 fomos para a Espanha e permanecemos por cerca de um mês e meio lá. Foi libertador sair daquela bolha de ódio.

Neste período o MP fez a famosa denúncia dos 40, numa alusão à história do Ali babá e os 40 ladrões. Era tão farsesco que sequer o meu nome tiveram o cuidado de pesquisar. Referiam-se a mim como Francisco... assim como a juíza Gabriela Hardt, celebrizada pelo "copia e cola" no julgamento do caso do sítio de Atibaia, que exarou sua condenação sem sequer se dar conta de que Léo Pinheiro e José Aldemário Pinheiro são uma e a mesma pessoa. Mas o mais surpreendente foi a denúncia ter sido feita sem nenhuma investigação, apenas excluindo os nomes dos figurões. Nela sou descrito como o suprassumo do poder dentro do Banco do Brasil, sou o único denunciado do banco, embora os procuradores estivessem cientes do modelo de gestão e, portanto, de que todas, absolutamente todas as decisões eram colegiadas.

A culpa seria do Pizzolato

No intervalo entre a CPMI e a denúncia do Ministério Público, a Visanet contratou, a peso de ouro, uma assessoria especial para fazer lobby junto ao Congresso, com o objetivo de ficar fora da denúncia. Há um relatório dessa assessoria encaminhado ao então presidente da Visanet, Antônio Luiz Rio, aconselhando-o a ficar tranquilo, pois toda a culpa seria jogada em cima do Pizzolato. Casualmente, o presidente da Visanet era tucano.

A Visanet era requisitada a apresentar documentos e fazia corpo mole. O presidente do STF à época, Nelson Jobim, autorizou então busca e apreensão na Visanet, realizada em fevereiro de 2006. O MP não esperou e fez a denúncia, pois era preciso montar a farsa dos 40 e manter a usina da mídia azeitada.

Quando os documentos da busca e apreensão chegam, o procurador da República, Antônio Fernando, e o ministro do STF, Joaquim Barbosa, pediram ao Instituto Nacional de Criminalística para realizar perícia nos documentos. Eles encaminharam cerca de 38 perguntas para orientar os peritos. Uma dessas perguntas era sobre quem era o responsável no Banco do Brasil pelo relacionamento com a Visanet. No laudo 2828, quatro peritos da Polícia Federal responderam que os responsáveis eram funcionários da Diretoria de Varejo do BB. Nem o meu nome, nem o do Gushiken constavam em absolutamente nada. Não constavam em nenhuma das 43 páginas do laudo.

Após ter sido citado na denúncia, não fui procurado por ninguém do PT ou do governo. Não havia nenhuma acusação cruzada envolvendo a mim e ao Zé Dirceu, Genoíno e Delúbio, apenas com o Gushiken constava relação comigo. A peça acusatória afirmava que o Gushiken havia me mandado liberar o dinheiro da Visanet para o Banco do Brasil. A acusação foi baseada em uma resposta minha em que o Gushiken teria me dito que as áreas de marketing eram subordinadas à Secom, comandada por ele em outro caso de verba publicitária. Na ocasião Gushiken havia dito para eu assinar aquilo que o presidente do banco pedisse, mas era algo relacionado a outro evento de promoção, não tinha nada a ver com a acusação. Eles, no entanto, pegaram esse fato anterior e o adaptaram à denúncia. Eu autorizei a quebra dos meus sigilos bancário, fiscal e telefônico. Nada foi encontrado.

Passamos a expiar um massacre. O Gushiken permaneceu, mas o Zé Dirceu e o Genoíno saíram para não respingar tanto no governo.

Eles não poderiam se encontrar entre si sem que uma equipe de tevê estivesse de plantão, correndo atrás deles.

Após a entrega do laudo 2828 pelos peritos, começou a operação do *lawfare*. Para que fosse mantida a denúncia do Ministério Público Federal, foi aberto um novo inquérito no qual jogaram esses documentos e decretaram imediato segredo de Justiça. Uma violação, pois o segredo de Justiça existe para proteger uma pessoa, mas neste caso foi usado unicamente para proteger uma mentira. Dessa forma, todos os documentos que desmentiam a denúncia foram colocados de lado. O processo teve continuidade sem lastro em qualquer prova, baseado em folclore.

Em 28 de agosto de 2007 teve início a sessão de aceitação da denúncia pelo STF. Os documentos que derrubariam a acusação estavam escondidos sob segredo de justiça, nenhum dos advogados dos 40 réus teve acesso a eles. Do contrário, a denúncia não se sustentaria. Testemunhas foram ouvidas e mais uma vez nada foi encontrado. Chegou um momento em que foi preciso alguma coisa para garantir as acusações e aí surgiu a revista Veja.

A Veja publicou uma reportagem com uma falsa funcionária do Banco do Brasil, Danevita Ferreira de Magalhães, afirmando que, como gerente de marketing e propaganda do Banco do Brasil, foi ameaçada de ser demitida caso não aprovasse um gasto de R$ 64 milhões para uma campanha jamais feita. Como ela teria se recusado, teria sido demitida. A suposta funcionária afirmou ainda que números poderiam ser checados através dos balanços do banco. Essa senhora jamais ocupou cargo algum no BB, todo funcionário do Banco do Brasil consta dos documentos e inclusive recebe um número de identificação. Caso o MP tivesse requisitado à Danevita ao menos a carteirinha de funcionária do BB, ficaria comprovado que tudo não passava uma grande farsa.

Danevita hoje tem uma pousada numa praia da Bahia. O editor deste livro descobriu o telefone de lá. Ligou e foi atendido diretamente por ela. Claramente constrangida, ela ouviu sem nada contestar sobre o destino das pessoas que foram vítimas de sua ilação sem desligar, mas depois se negou a falar, alegando embargada que aquilo ficou no passado.

A maior campanha realizada pelo Banco do Brasil até então foi a Gestos, com custo de R$ 11 milhões e seiscentos mil reais. Sua aprovação passou por todos os ritos exigidos pelo banco. Eram necessárias sete assinaturas do comitê de marketing, vinte e uma assinaturas do comitê de comunicação e quarenta e três do Conselho Diretor. Ora, jamais a falsa funcionária teria poder para sozinha aprovar qualquer campanha, quanto menos uma de 64 milhões de reais.

A denúncia apresentada pela revista Veja contra o BB passou e o MP a utilizou como prova. Essa senhora não apresentou nenhum documento para comprovar sua versão. Mais tarde descobrimos que a falsa funcionária recebeu um depósito de R$15 mil feito por uma empresa de painéis de Pernambuco, de propriedade do genro do Marco Maciel. É provável que tenha havido mais repasses, mas nada foi apurado quanto a isso.

Todos esses crimes, ou eventuais crimes, já estão prescritos. E não é provável que se deva ao acaso o fato de só depois desta prescrição o ministro Barroso do STF cumprir o decreto publicado em 21 de dezembro de 2017 concedendo meu indulto da pena privativa de liberdade. E ainda assim só o fez parcialmente. Parece haver uma orquestração: os demais beneficiários já haviam sido indultados, mas eu só vim a receber indulto em julho de 2021. Assim, durante todo o período em que podia denunciar os crimes cometidos, fui obrigado a permanecer calado, pois, sem o indulto, eu permanecia como condenado, cumprindo pena e qualquer coisa que eu falasse poderia vir a ser utilizada como pretexto para uma regressão que me faria retornar para a cadeia.

O fator Itália

Em 2017, quando eu deveria sair em liberdade condicional, o MPF decidiu me denunciar pela segunda vez pelo mesmo crime já julgado e condenado na AP 470.

O acordo de extradição com a Itália impedia que eu fosse processado criminalmente por fatos anteriores à data da extradição sem a autorização da Itália. Isso impediu que o processo fosse adiante sem que aquele país fizesse análise do acordo e concordasse com tudo. Ao fazer a análise, a Itália culminou por expor o sistema judicial do Brasil. Começou pedindo para que fosse descrito o fato do crime e em qual artigo se enquadrava. Em seguida, assinalou que eu já havia sido julgado e condenado por aquelas acusações, o que lançou luz sobre vários outros erros. O Ministério Público e a corte de apelo italianos negaram a autorização de continuidade do processo, portanto, negaram minha extradição supletiva, no primeiro julgamento que houve lá.

A então Procuradora Geral da República Raquel Dodge tentou entrar com recurso, envolvendo até a Embaixada no meio. Aparentemente, o objetivo era garantir meu silêncio eterno. Mas ela se esqueceu que sequer estava habilitada no processo e, portanto, não poderia entrar com o recurso. Com o fracasso, restou voltarem sua artilharia para a Andrea. Ela foi denunciada no final de 2017, tendo que responder pelos mesmos crimes que antes eram imputados a mim. Um juiz do Rio de Janeiro a condenou em primeira instância e sua decisão foi mantida em 2020 em segunda instância. E agora, um mês antes da publicação deste livro, foi negado por um desembargador o recurso apresentado. A 15 dias da publicação deste livro o TCU fez debitar em minha conta corrente – que tinha saldo de cento e setenta reais – mais de quinhentos mil reais. O inferno criado por calúnias há quase vinte anos continua... aqui e agora. A cada etapa descemos mais círculo. No Inferno de Dante quem paga a pior de todas as penas é Judas, por ter, mentindo, traído Jesus Cristo. No nosso caso quem tem de pagar a pena são as vítimas da mentira?

A Itália questionou na época como eu fui condenado por corrupção passiva e lavagem de dinheiro se o crime de corrupção já absorve lavagem de dinheiro, apontou que, portanto, eu havia sido condenado duas vezes pelo mesmo crime. Foi quando chegou o tempo de cumprir o regime semiaberto e, depois, aberto, que entraram com outro processo, desta vez por lavagem de dinheiro. Ao que parece, queriam impedir minha libertação e, como não conseguiram, tentam prolongar meu silêncio atacando minha esposa.

Em 2012 todas minhas contas foram aprovadas por unanimidade num acórdão no TCU. Então, o procurador de Justiça junto ao Tribunal de Contas decidiu entrar com recurso. Entrou fora de prazo, pois já tinha prescrito, e mesmo assim o ministro do TCU aceitou o recurso e, não satisfeito só com isso, mudou a decisão que já tinha acórdão transitado em julgado. Fui então condenado em vários processos no TCU. Uma das multas que me foram impostas foi de R$ 400 mil reais, algo exorbitante para o padrão histórico, que varia entre R$ 10 e 20 mil. A CVM reabriu um processo engavetado e fui condenado por má gestão de um órgão de que eu não era gestor. Recebi outra multa, essa de R$500 mil.

O então ministro do STF Joaquim Barbosa aplicou uma multa de 5.600 salários-mínimos, embora esse valor destoasse do que apregoa a lei, que determina que a multa seja proporcional ao patrimônio. Afinal, todo o meu patrimônio somado não chegava a um terço desse montante. E naturalmente, tendo acesso à minha declaração de imposto de renda, Barbosa tinha conhecimento da desproporção. Mesmo assim, ele impôs a multa e os restantes ministros o acompanharam. A pena virou manchete e alçou Joaquim Barbosa ao pedestal de herói. Nisso ele se faz predecessor do ex-juiz, ex-ministro Sérgio Moro. É irônico que ambos tenham sido cogitados como candidatos a presidente. Ambos tiveram seu voo de galinha. E, sem luz própria, ambos elegeram os EUA como nova morada, depois que se tornou mais conveniente levar os holofotes para bem longe dos seus (mal) feitos.

O fato de o Joaquim Barbosa ter vindo do Ministério Público, envergando por isso o hábito da acusação, não explica que tenha conduzido sua relatoria como fez. Pois aferrar-se à acusação pela acusação, desprezando provas e o devido processo legal, não condiz com a higidez do MP. Ao contrário, é indício de deformação dessa instituição. O desgaste que assistimos hoje do judiciário brasileiro rende seu tributo ao que sucedeu nesse período.

327 mil problemas

Após a eleição de 2002 o PT ficou bastante endividado e precisava de recursos para quitar suas dívidas. O Lula pediu ao Delúbio para que o PT nacional assumisse também as dívidas de campanha nos estados. Sem fundos, a alternativa encontrada foi utilizar recursos não contabilizados, mais conhecidos como caixa dois.

O deputado Virgílio Guimarães apresentou ao Delúbio o empresário Marcos Valério, proprietário de vários negócios e acionista das empresas DNA Propaganda, que prestava serviços ao Banco do Brasil, e da SMPB, que prestava serviços à Câmara dos Deputados e ao governo do GDF.

Marcos Valério queria se aproximar do governo do PT e se propôs a ajudar o Delúbio na resolução do problema de fluxo de caixa, buscando facilidades junto aos bancos Rural e BMG, ambos de Minas Gerais, onde ele era bastante conhecido. Ele faria em seu nome empréstimos junto a esses bancos, que seriam saldados pelo PT, o que se concretizou. Esses empréstimos foram suficientes para pagar apenas uma pequena parcela da dívida. Marcos Valério sugeriu então um acordo em que ele iria antecipar recursos de suas empresas que seriam devolvidos mais tarde pelo PT, como efetivamente aconteceu.

O Delúbio passou uma lista com nomes de praticamente todos os estados para que o Marcos Valério repassasse valores determinados a cada responsável. O diretório do Rio de Janeiro deveria receber algo em torno de R$3,8 milhões. O responsável pelo Rio era Manoel Severino dos Santos, que havia assumido a presidência da casa da moeda do Rio.

Só bem mais tarde fiquei sabendo desses detalhes. Na época, eu sabia apenas que havia uma campanha para prefeito e o Nizan Guanaes estava sendo cotado para ser o publicitário do PT no Rio, e que a DNA Propaganda também disputava os serviços. A escolha da agência seria feita em uma reunião interna do PT.

Eu me empenhei para que o Nizan não fosse o escolhido, pois tínhamos muitas rusgas devido à forma como ele atuou em favor do Daniel Dantas e do banco Oppotunity durante o governo Fernando Henrique, inclusive promovendo a intervenção na Previ. A última coisa que de que precisávamos era que o PT do Rio tivesse um inimigo na trincheira. Já a DNA Propaganda nos era bem conhecida, prestava serviços ao BB havia mais de sete anos e tinha um trabalho eficiente e reputado na área de publicidade.

A disputa entre agências de publicidade para assumir a campanha eleitoral do Rio é o cenário para o que vou narrar aqui. Em fevereiro de 2004 eu estava no Rio de Janeiro, em uma reunião da Previ, quando recebi um telefonema de um funcionário da DNA perguntando se eu poderia fazer o favor de buscar uma documentação para o PT, pois a pessoa que iria receber a encomenda teve um imprevisto. A encomenda deveria ser entregue naquele dia. Como estava ocupado na reunião, não podia interrompê-la e não sabia em que momento estaria liberado, perguntei se outra pessoa poderia fazê-lo.

Pedi então à secretária que verificasse se havia algum contínuo disponível naquele horário para receber a encomenda. Mais tarde o contínuo trouxe até mim dois envelopes em papel kraft com um volume que se assemelhava ao de fitas VHS. Imediatamente pensei se tratar de algum portfólio da DNA mostrando seus serviços para o PT, com vistas a realizar a campanha eleitoral no Rio. Pedi ao contínuo que deixasse o material no escaninho da portaria do prédio.

Carlos Manoel, assessor do Manoel Severino dos Santos, era a pessoa que havia tido o tal imprevisto. Ao final do dia, foi buscar a documentação, indiquei onde estava, ele pegou, foi embora e o assunto morreu.

Um ano e meio depois desse episódio, quando os sigilos bancário e fiscal da DNA foram quebrados, apareceu o nome do contínuo que pegou a documentação como se tivesse sacado R$ 327 mil em dinheiro. Quando soube que o conteúdo dos envelopes era dinheiro, cobrei explicações do Marcos Valério. Segundo ele era mais seguro para quem pegasse a encomenda não saber o conteúdo dos envelopes. Mais tarde o Delúbio confirmou que esse dinheiro foi para o PT.

Liguei para o presidente da Previ comunicando que havia caído numa arapuca, pois nem a Previ e muito menos o contínuo tinham qualquer relação com o acontecimento. Minha preocupação era esclarecer que o contínuo havia pegado a encomenda atendendo a um pedido meu. Ele nem se lembrava desse dia específico, pois diariamente entregava documentos e papéis de um lado e outro. Caí numa fria tremenda e ainda enredei o contínuo, já que, ao lhe pedir o favor, acabei colocando-o numa situação muito embaraçosa.

O Delúbio fez um acordo com o Marcos Valério sem combinar como esses repasses seriam efetivados. Simplesmente repassaram o montante sem se preocuparem com quem estaria no meio. Montaram uma operação para pagar uma dívida e quem operou esse esquema o fez de forma amadora.

A questão não é como operacionalizar e, sim, com quem foi feito. O erro do PT foi aceitar ajuda do Marcos Valério, uma pessoa que não era conhecida e não era da organização do partido. Pedir a ele R$55 milhões, sabendo que com isso lhe estava dando um poder imensurável, poderia ser uma isca... Fazer essa operação com uma pessoa que não fazia parte do organismo do PT além de nos colocar em risco envolveu vários petistas.

O dinheiro não era sujo. Uma parte se referia aos empréstimos bancários e o banco tinha a documentação assinada pelo Delúbio e pelo Genoíno. Mesmo assim, o STF decidiu que o empréstimo foi fraudulento e o pagamento foi cobrado na justiça. A outra parte do empréstimo foi tomada junto à DNA Propaganda. O Marcos Valério já tinha feito a mesma coisa para os adversários do PT, eles sabiam como era feito, conheciam o caminho das pedras.

Fui acusado de ter pegado esse dinheiro para comprar meu apartamento. Rebati mostrando todos os documentos que comprovavam como e com quais recursos eu havia feito a compra do imóvel. Se não houvesse o acontecimento desse dinheiro no envelope inventariam outra coisa. Fui visto em lugares onde nunca estive, fui fotografado de longe em locais que há tempos não visitava... A maldade humana não tem limites.

Já sofri algo semelhante quando fui candidato no Paraná. Havia um boato de que eu havia abandonado uma mulher com dois filhos. Quem inventou essa história tinha sido funcionária do meu cunhado, o que, em tese, dava certa credibilidade ao fato. E o boato se espalhou.

O espetáculo de acusações não pode parar.

CPMI dos Correios

Numa manhã, ao despertar de sonhos inquietantes, Gregor Samsa deu por si na cama transformado num gigantesco inseto.
[A Metamorfose – Franz Kafka]

Eu vinha fazendo o meu trabalho no Banco do Brasil, feliz pelos resultados, mas frustrado pelo fato de o banco estar ainda praticamente em mãos do tucanato, que detinha a presidência e a maioria das cadeiras da diretoria, onde éramos ínfima minoria. Foi quando comecei a saber, por meio de companheiros, que havia uma crescente desavença política entre o PTB e o PT. Como esse tipo de coisa faz parte do jogo, sequer retive muito daquilo. E aí veio a bomba: o Roberto Jefferson, presidente nacional do PTB, partido da base do governo, resolveu fazer uma grande denúncia de corrupção que envolveria a compra de deputados da base por parte do governo Lula.

Petista desde a fundação do partido, aquilo naturalmente me preocuparia. Mas havia outras razões para preocupação: essa denúncia atingiu Marcos Valério, que era dono de uma agência de propaganda, a DNA, que tinha relações com o marketing do Banco do Brasil. Ela atendia o Banco havia 11 anos, portanto, sua empresa não havia sido contratada em nossa gestão. E, como eu era muito cioso em cada uma das contratações, não teria o que temer. Mesmo assim estava claro que poderia acabar respingando alguma coisa para o nosso lado.

Dito e feito.

Como nada havia do Banco do Brasil com a DNA que pudesse ser objeto de suspeita, fuçaram até descobrir que a Visanet, uma empresa privada que congregava os cartões de crédito dos maiores bancos privados e públicos, inclusive do Banco do Brasil, havia repassado dinheiro para a DNA, a agência de propaganda do Marcos Valério. Apesar do absurdo solar que isso representa, me culparam pela transação entre a Visanet e a DNA, com a qual eu não tinha nada a ver, como ficou demonstrado por laudo feito a pedido da própria justiça. O relacionamento com a Visanet, no BB, era feito pela Diretoria de Varejo. A perícia pedida pelo PGR e Ministro Joaquim Barbosa ao Instituto Nacional de Criminalística cita os nomes dos funcionários responsáveis e que assinaram representando o Banco. Não cita meu nome e não encontrou, evidentemente, nenhuma assinatura ou rubrica minha. Nada que comprovasse a denúncia. Ao contrário, ficou comprovado que houve uma falsa denúncia.

Fui tão-somente bode expiatório de numa narrativa que não parava em pé, sem qualquer documento que a sustentasse. Mas quem se importa? Eu não tinha nada com o Marcos Valério, havia falado com ele duas ou três vezes na vida, em reuniões coletivas e formais; muito menos tinha a ver com pagamentos que a Visanet fazia ou deixava de fazer. Mas estava respondendo por tudo isso perante a opinião pública, ou, mais exatamente, perante a opinião publicada, já que o alicerce de tudo aquilo era uma operação coordenada pelos maiores meios de comunicação do país, que nunca esconderam sua aversão a um governo que trabalhava pela melhor distribuição da renda nacional.

Com essa narrativa, iam gradativamente assassinando minha reputação, usando o fato de eu ter comprado um apartamento para vincular o valor de 327 mil reais, sacado pelo contínuo da Previ e entregue ao PT. Como sou organizado, rapidamente provei que aquilo não tinha cabimento, mas pouco importava. As provas não interessavam... e, se a acusação foi feita com estardalhaço, megafones e holofotes, as provas de falsidade da acusação foram cuidadosamente ignoradas no noticiário. Pois o que eles tinham em mente e colocariam em marcha dependia da adesão da opinião pública, tal como o ex-juiz Sérgio Moro já havia descrito no artigo de 2004 a propósito da operação *Mani Pulite* e passaria ele próprio a empregar dez anos mais tarde, no caso da Lava Jato.

Entre os políticos há gente de todo tipo. Mas são inúmeros os que jogam na "banheira", ou seja, aqueles que ficam à espreita de que alguém faça uma grande jogada, drible os adversários e, se preciso, o juiz, e lhe passe a bola para o gol consagrador. E isso, infelizmente, vale para todos os times, inclusive o nosso.

Com o grito da sociedade pedindo CPMI em função do que se lia na imprensa, apresentaram-se para liderá-la os mais oportunistas: como presidente, lançou-se o Senador lobista, ex tucano, Delcídio do Amaral, que passara a integrar, também numa jogada de oportunidade, o time do PT; e, como relator, o finório Deputado Osmar Serraglio, do time do PMDB, futuro ministro do Temer. É bom lembrar que ele ganhou esse ministério tão-somente para que Rocha Loures, o homem que foi filmado correndo com uma mala que continha quinhentos mil reais, pudesse assumir como deputado e ganhar foro privilegiado, já que, sendo suplente do glorioso compatriota paranista, passaria a ocupar a vaga deixada por ele. Mas esta é outra história.

Com esses honrosos componentes, a CPMI dos Correios teve sua primeira reunião no dia 9 de junho de 2005, visando ainda a eleição do seu presidente e vice-presidente. Foram eleitos, respectivamente, Delcídio do Amaral e o obscuro Asdrubal Bentes. Destes até então paladinos da moralidade conhecemos bem o fim de carreira. Cassado no contexto da Lava Jato, Delcídio inventou contra Lula uma série de calúnias que serviram aos propósitos dos lavajatistas, mas que foram desmentidas mais tarde. Já Asdrubal foi um inflexível defensor da pena de morte que em 2014 renunciou ao mandato para evitar sua cassação, depois de ter sido condenado a três anos e meio de prisão pelo Supremo por fraude eleitoral. Acabou morrendo em abril de 2020, como mais uma lamentável vítima da Covid-19.

Vivendo no meio político desde a juventude, eu tinha uma ideia dos bastidores de uma CPMI. Mas foi ao comparecer para depor que pude me dar conta das tramoias e, para ser objetivo, dos preços cobrados para evitar uma convocação ou para obter um depoimento privado. Com essas tramoias, pessoas e empresas se transformam, como em passe de mágica, em financiadores involuntários de campanhas políticas. A mim, para transformar meu depoimento público em privado, me pediram 600 mil reais à época. Obviamente, é tudo muito velado, por meio de um interlocutor que nunca se pode saber se fala realmente em nome de quem diz estar falando. O significado de rejeitar a proposta pode ser medido, entre outras coisas, pela ira com que você será tratado durante o depoimento.

Claro está que parte dessa ira tem outro propósito, a saber, as câmeras de televisão e os memes das redes sociais. Impressionante como até montam cenários para impressionar espectadores durante suas falas.

Primeiro depoimento

No dia 17 de agosto de 2005, cheguei em casa com a Andrea às dez e meia da noite e me deparei com uma intimação na portaria do prédio. Eu deveria estar na manhã do dia seguinte em Brasília para depor na CPMI dos Correios. Liguei para o advogado que me acompanhava no caso e ele me disse: "Olha, vamos lá, é melhor, porque senão eles vão mandar te conduzir".

Compramos passagem de madrugada e eu e a Andrea seguimos cedo para Brasília. Entre 10 e 11 horas da manhã estávamos no Senado Federal, na sala da CPMI. De frente para todo aquele palco, toda aquela encenação, em que todos os egos, todas as vaidades, todas as frustrações e todos os interesses entram no jogo. Uma cena indescritível, aquela preocupação de gente se acotovelando para aparecer bem na TV. Um deles estava colocando uma cuia de chimarrão na frente de si para impressionar seu eleitorado...

Naquele mesmo dia havia outro depoimento, em outra sessão. Nesse meu primeiro depoimento foi-me imposta a condição de testemunha. A condição de acusado me foi negada, embora fosse óbvia mesmo ao mais desavisado observador. Os parlamentares me fizeram perguntas genéricas sobre o banco, sobre as empresas do Marcos Valério, enfim, sobre assuntos dos quais eu não tinha nenhuma informação. Fui percebendo que queriam vincular a Previ ao caso.

Eu estava lá por causa de valores que a Visanet repassou à DNA Propaganda. O presidente da Visanet não foi convocado. O Francisco Castilho, diretor da DNA que intermediava as tratativas com o banco, não foi convocado, ao passo que eu, que nada tinha a ver, que nada sabia, fui convocado. Fizeram um amontoado de perguntas sem sentido, querendo saber do PT, sendo que eu não era da direção do PT, querendo saber do Marcos Valério, com quem tive poucos contatos, e absolutamente superficiais. E eles querem fazer de seus desempenhos um espetáculo midiático, por isso se tornam arrogantes, prepotentes, tentam humilhar e constranger de todas as formas o depoente. É um jogo de cena, mas de uma cena em que quem presta depoimento, faz ao mesmo tempo o papel de vilão e de palhaço, enquanto é usado como escada para os parlamentares brilharem ante os holofotes.

Esse teatro dantesco tem acontecido, em maior ou menor grau, em todas as CPIs: as pessoas mais ligadas ao caso em geral não são ouvidas porque fazem acertos, e as outras viram saco de pancada dos integrantes da CPI em busca de votos e da imprensa, em busca de audiência, esmerando-se em saciar a sede de sangue de parte da opinião pública. A sociedade precisa enfrentar essa aberração. A recente CPI da Covid fez um trabalho importante, como em geral todas fazem, mas não nos enganemos: as mesmas coisas aconteceram ali, inclusive com ex-vilões nacionais e ex-lavajatistas posando de heróis da moralidade. É preciso separar esse joio, mas sem estragar o trigo. Se você retém de uma CPI o que é trabalho relevante, eliminando o que é apenas jogo de cena, sobra quase nada.

Eu simplesmente não sabia de nada do que me perguntavam e nem conseguia entender por que estava lá. Sobre a diretoria de marketing

do Banco do Brasil, sobre a qual eu poderia responder no detalhe, não perguntaram. Por fim perguntaram do saque de 327 mil. Aí sim, expliquei. Pediram para quebrar meus sigilos. Autorizei na hora, nada tinha a esconder de ninguém. Mas aquelas perguntas sobre as finanças do PT, sobre a relação do PT com o Marcos Valério, eu não podia responder, nada tinha a ver com aquilo e nada sabia. Hoje sim, sei de coisas que não sabia à época, mas isso veio com o tempo, sendo que a maioria das coisas que sei a respeito, sei por meio da própria imprensa.
A realidade é que eu não deveria estar lá, mas estava. Por quê? Deveria estar o presidente do banco, mas o presidente do Banco não poderia ser convocado, porque era do PSDB; então o vice-presidente, mas o vice também não dava, porque também era do PSDB. Na diretoria do banco só havia quatro petistas, e sobrou pra mim, porque, além de ser do PT, tinha um histórico de luta, por ter enfrentado os interesses da elite financeira no próprio banco e, principalmente, na Previ.

Mais tarde atacaram outro diretor do PT, o Expedito. Detonaram com ele também. Mais à frente foi a vez de alvejarem o Juraci Maziero... e assim foram eliminando as pessoas que atrapalhavam a hegemonia tucana no banco. Naquele primeiro momento, porém, eu era o único alvo.

A verdade é que, como eu já disse, os parlamentares acharam que, como o Marcos Valério havia sido operador do PSDB, ele havia continuado a operar do mesmo modo com o PT o que fazia antes para eles mesmos. Só que estavam enganados. E, mesmo que estivessem corretos, se o Marcos Valério quisesse insinuar qualquer coisa, jamais iria falar comigo; primeiro, porque eu não era da direção do partido; segundo, porque ele sabia que o organograma do Banco do Brasil inviabilizava as maracutaias. Se ainda assim ele quisesse alguma coisa, teria que ir à cúpula do banco, que era onde se tomavam as decisões. Mas ele já estava no banco havia onze anos, não tinha muito mais o que conquistar lá.

Agora, para a CPMI, cujo objetivo era atacar o governo do PT, o Marcos Valério era a peça-chave, por acreditarem que ele estava dando continuidade às operações do governo anterior. Isso fica ainda mais evidente quando se percebe que a DNA, que prestava serviços ao BB, sequer foi denunciada, a denunciada foi a SMPB. E por quê? Porque os tucanos atuaram via SMPB, e os diretores da SMPB, que nunca prestou serviço para o Banco do Brasil, sequer se deram conta de que o contrato do Banco do Brasil não era com a SMPB. Por isso denunciaram a mim e aos diretores da SMPB que, como disse acima, nunca prestaram serviços ao Banco. Eu nunca havia visto o Ramon Hollerbach ou o Cristiano Paz, eu nem sabia quem eram eles. Mas foram condenados junto com Marcos Valério por me subornar para desviar recursos da Visanet, com a qual eu também nada tinha a ver. Ela foi acusada de ter repassado recursos para a SMPB, sendo que só repassou recursos para DNA e, por tudo que se apurou, de forma lícita. Ainda que tivesse sido de forma ilícita, isso nada poderia ter a ver comigo. E a imprensa repercutia tudo isso com alarde! Por quê?

Entre o mar e o rochedo quem paga a conta é o marisco. E eu e os diretores da SMPB não éramos mais que mariscos.

Uma forma de bater forte é colocar o cidadão sentado naquela CPMI. É indescritível o que você sente ali, jogado à arena de leões. Mesmo assim, talvez a Andrea sofresse mais, ela conseguia ver de fora, porque ficou atrás, acompanhando. Aí ela ouvia inclusive os comentários dos operadores de câmeras de TV, dos jornalistas, que eram os que construíram e/ou sustentaram tudo aquilo, dizendo: "Ele está se recusando a falar, ele está escondendo as coisas!".

Me doía mais ver o sofrimento da Andrea, porque na hora não te cai muito a ficha. Você reage como uma fera encurralada, tentando sobreviver. Enquanto vê o Onix Lorenzoni, o José Eduardo Cardozo, o Eduardo Paes, o Eduardo Magalhães, filho do ACM, o Osmar Serraglio e o próprio Delcídio do Amaral, se fazendo de santos...

Minha vontade era a de me levantar, apontar o dedo pro Delcídio e dizer: "Seu vigarista! se alguém aqui sempre quis fazer coisa errada é você. E está com raiva porque eu nunca cedi quando você mandava teu suplente de Senador, que era dono de uma afiliada do SBT, com projetos fajutos". A gente analisava no banco e não passava no crivo, porque eram projetos que dariam pouco ou nenhum retorno. E lá só fazíamos as coisas dentro dos critérios técnicos.

Só que ali todos estufavam o peito, pomposos... quanto mais duvidosa era a índole do parlamentar, maior a pompa de que ele se revestia, todos fazendo política, tentando se garantir na reeleição, pouco se importando se isso ia prejudicar o país ou custar a carne de inocentes.

Sentado ali, também me vinha à cabeça quem realmente deveria estar no meu lugar, mas não era chamado. Por que não eram chamados? Se eu tivesse mesmo desviado, teria dinheiro, e se tivesse dinheiro, não teria sido convocado ou, no mínimo, se me dispusesse a pagar, não seria convocado para uma sessão pública. Quando você for acompanhar uma CPI, caro leitor, preste atenção nos depoimentos, mas preste mais atenção em quem não foi chamado. Geralmente esses são os reais desviadores, e é exatamente com o produto do desvio que conseguem comprar sua isenção. É bem mais fácil tudo se voltar contra o infeliz que não cuidou de fazer seu pé-de-meia com o dinheiro público, do que contra quem realmente assalta o erário.

Se alguém devesse estar lá, seria o presidente da Visanet, ou a diretora de marketing da Visanet, ou vice-presidente financeiro da Visanet... A Visanet jamais foi chamada. Quanto custou isso não sei, mas imagino.

Imagino inclusive porque há documentos da CPMI referentes a uma assessoria parlamentar que a Visanet contratou, e que mandava relatórios diários, que acompanhava, que fazia lobby dentro da CPMI. E isso naturalmente não é de graça.

Um destes relatórios, mandado para o presidente da Visanet, o tranquiliza dizendo que estavam conseguindo direcionar todas as acusações contra mim. Esse documento está dentro do processo. O quanto custou, como é que se conseguiu isso, se foi milagre, convencimento, Papai Noel, ou outro agrado é que eu gostaria de saber antes de morrer.

Por enquanto, estou como o poeta-jagunço Riobaldo do Guimarães

Rosa: de nada eu não sei, mas desconfio de muita coisa. Aliás, uma coisa eu sei, sei que quem colocou o Brasil na situação em que estamos hoje foi o sistema judiciário. Se alguém tem que ir para o banco dos réus nesses últimos anos no Brasil, esse alguém é o sistema judiciário brasileiro. E não só do Brasil, mas também da Argentina, do Paraguai, do Equador, dos Estados Unidos...

O Segundo depoimento

Em novembro do mesmo 2005 recebi outra convocação para depor na CPMI, desta vez com antecedência, o depoimento se daria em dezembro.

A primeira audiência havia resultado anódina, eu não fazia nem ideia de como é que as coisas funcionavam, muito menos do que eles queriam de fato. Exceto, por óbvio, que queriam a qualquer custo envolver o PT. Mas como eu não era da direção do PT, não era responsável, entendia que não havia maior motivo pra me preocupar. Aí, no final de outubro, vi aquele famoso PowerPoint do Serraglio, que depois foi imitado pelo Dallagnol na Lava Jato e teve o mesmo grau de mentira e de devastação. Concluía que o dinheiro vinha do BB via Visanet. Portanto, era do Banco do Brasil. Era a resposta que todo mundo queria: o Roberto Jefferson fala do mensalão, mas de onde vinha o dinheiro?

A vertente do dinheiro era sabida, amigo leitor, era exatamente destes bancos, entidades e empresas em que você está pensando, os de sempre, exatamente de onde ia o dinheiro para o caixa dois de todos os partidos, inclusive do PT. Foi isso que as quebras de sigilo foram mostrando, e foi apavorando os golpistas do Mensalão, capitaneados pelo PSDB.

A solução para um dilema tão grande seria apresentada à CPMI e abraçada pelo Delcídio Amaral (talvez por isso ganhou a liderança da bancada do governo no Senado), e foi imediatamente apoiada pelo Serraglio, que herdou a vice-liderança do governo na Câmara dos Deputados...

Mas a primeira proposta que ele fez não vingou, nem poderia. Ele passou a lançar a hipótese de que o dinheiro vinha do Banco do Brasil. Aparentemente, acreditava que a opinião pública facilmente se convenceria, porque todos sabem que banco tem muito dinheiro. A proposta deu com os burros n'água; primeiro porque se conhecia como funcionava o Banco do Brasil, o controle extremo que tinha; segundo porque o tucanato inteiro estava no banco, desde a presidência...

Deste impedimento veio a ideia que foi levada adiante. A proposta foi a de dizer que o dinheiro vinha da Visanet por meio do Banco do Brasil, por meio do marketing do banco. Como a verba era de marketing, então o responsável era o petista que era diretor de marketing do Banco do Brasil. Eureka! Eles fariam a denúncia e com isso saciariam a sociedade e a imprensa. Aí, mais tarde, como ficaria provado que o dinheiro era da Visanet, uma empresa privada, a denúncia não prosperaria. Mas, todos acertados, foram em frente.

Claro está que a assessoria parlamentar da Visanet ia trabalhando dentro da CPMI e, muito bem paga, ia ajeitando todas as coisas para arrumar um bode expiatório, porque, para essa gente, eleger um inocente pra condenar e safar a Visanet é sinal de inteligência, de destreza. Veem nisso um motivo para se orgulhar, e não para se vexar.

Veio então a segunda convocação no final de novembro. Fui chamado como diretor de marketing do Banco do Brasil, mas o alvo visado era a minha presidência do Conselho da Previ. As restrições que adotamos às manipulações dos fundos de pensão desagradavam a muitos interesses poderosos e desejavam desmantelá-las. Aí se armou aquela entrevista na IstoÉ Dinheiro – atentemos ao nome: Isto é dinheiro.

Publicaram aquela entrevista que eu nunca dei, que jamais daria, e que nenhum jornalista assinou. Uma estratégia muito utilizada pelo Carlos Lacerda e o Assis Chateaubriand quando queriam assassinar uma reputação: eles simplesmente forjavam uma falsa entrevista. E não eram vanguarda. Há outros exemplos assim na história da imprensa.

Junto a essa estratégia da pseudoentrevista, para garantir o golpe, usaram duas outras: a estratégia da testemunha falsa. Prestou-se a esse papel a Danevita Ferreira de Magalhães, que se apresentou como uma funcionária demitida do Banco do Brasil, mas que jamais trabalhou no banco; e a estratégia do PowerPoint, usada pelo Serraglio.

A AP470 é a síntese e o modelo de como usar o judiciário, de como aparelhar o judiciário para promover a injustiça. Mais tarde todo esse aprendizado seria empregado na Lava Jato. E ambas foram monitoradas e abastecidas pelo Departamento de Justiça estadunidense (DOJ), que, no caso da Lava Jato, ficou explícito graças ao trabalho da mídia alternativa, e ratificado graças à operação Spoofing. Com o laboratório da AP470, a Lava Jato pôde atuar sem medo e sem freio; juntou Polícia, Ministério Público, judiciário, tudo com o mesmo objetivo, pouco importando o rastro de destruição que deixaram pelo caminho, dentre empresas quebradas, milhões de postos de trabalho fechados, vidas destruídas. Um caso emblemático foi o de Cesar Mata Pires Filho, de 40 anos, herdeiro da OAS, que morreu depois de sofrer um infarto durante um depoimento à Lava Jato.

Bem, aí a CPMI me chamou para explicar a pseudoentrevista sem entrevistador nem entrevistado. Foi o pretexto. Antes disso me ofereceram a possibilidade de votar contra a minha convocação, só que custaria 200 mil reais para cada um de três deputados.

Infelizmente, como já disse, é assim que as coisas funcionam numa CPI: primeiro tentam te vender os votos que te pouparão da convocação; se você não paga, convocam. Daí tentam te vender a possibilidade de depoimento reservado, em sala secreta. Passei por esse assédio, mas, como sempre, feito por um intermediário, sem testemunhas, sem lastro, sem mesmo ter certeza de que a proposta transmitida vinha de membros do Congresso Nacional. Não tenho qualquer prova quanto a isso, mas não consigo conjeturar nenhuma outra explicação para ninguém da Visanet ter sido convocado, por exemplo.

Imagino que quem está habituado a isso saiba discernir, mas alguém como eu nunca sabe se aquela pessoa está falando em nome de quem diz falar ou não. Você pode estar caindo em um golpe e não terá a quem recorrer, isso se não for pegadinha, se não estiverem te gravando pra te pegar. Um inferno tudo isso.

Aí, do nada, surgem pessoas que te sugerem que levante o dinheiro e te livre disso de uma vez por todas, antes que isso acabe com a tua vida... é um achaque!

Quando depus pela segunda vez... que raiva que eles tinham! Agora, não sei se era raiva por questão ideológica ou se o intermediário deles estava falando a verdade. O fato é que a segunda convocação foi, de forma disfarçada, em função da presidência que eu exercia no Conselho da Previ. Eles queriam me derrubar daquele cargo e fulminar o Gushiken, que era Secretário de Comunicação e tinha um histórico de bom relacionamento com os fundos de pensão.

No governo, o responsável pelos fundos de pensão era o Gushiken, que eles queriam tirar. Aliás, queriam tirar todas as pessoas que estavam criando dificuldades para os negócios deles. Isso envolvia interesse nos rearranjos do setor de telecomunicações, da Vale do Rio Doce, do setor elétrico etc. Eram vários grandes negócios.

Agora, desde a falsa entrevista na Isto É Dinheiro, até o ataque da CPMI aos fundos, tudo foi muito regado pelo que costumo chamar de Papai Noel.

O relatório da CPI saiu no início de 2006, e propôs o indiciamento de mais de cem pessoas. Pouco mais de um mês depois do relatório, saiu a denúncia, que indiciou exatas 40 pessoas: um escárnio descomunal! Fizeram isso para criar o paralelo com o Ali Babá, que seria o Lula, e seus 40 ladrões. Isso dá uma ideia da falta de seriedade do processo todo. Essa denúncia foi negociada com quem? Com o Carlinhos Cachoeira.... Fui citado pelo nome de Francisco Pizzolato por duas vezes e o mais notável é que a DNA desapareceu, a Visanet, a dona do dinheiro, desapareceu... E a SMPB, que nada tinha a ver, foi denunciada.

Bem mais à frente, no julgamento da ação, em 2012, o presidente do Supremo Tribunal Federal, Carlos Ayres Brito, afirmará sem pejo, em seu voto de condenação, que toda a empresa que tiver "brasileiro" compondo seu nome é estatal. Com esse pretexto, a Visanet, cuja razão social era Companhia Brasileira de Meios de Pagamentos, foi considerada pública:

"Companhia Brasileira de Meios de pagamento [...]. O próprio nome referencia o país, companhia brasileira, isso já sinaliza que se trata de empresa integrante do setor público, ou da administração pública direta ou de uma subsidiária de qualquer das empresas da administração pública." [Ayres Britto]

"O delírio de Ayres Britto sobre a Visanet tinha uma intenção: chancelar a farsa a qualquer preço. Deu certo." [Miguel do Rosário, jornalista]

Depois veio a fase das perícias e documentos, pedidos pelo Ministério Público e pelo Ministro Joaquim Barbosa. Quando chegaram, começou o problema, porque evidenciavam a farsa de todo aquele espetáculo. Então foram obrigados a esconder esses documentos.

Um deles – um documento do BB, afirmando expressamente que "a origem, propriedade e gestão dos recursos do Fundo de Incentivo Visanet pertenciam à Companhia Brasileira de Meios de Pagamento – VISANET" –, Barbosa recebeu, carimbou, mas não relatou, escondeu.

É instrutivo rever como se pronunciaram o ministro Gilmar Mendes, a ministra Rosa Weber, o ministro Luiz Fux, o ministro Dias Tofolli, que evocou as acusações de Danevita Magalhães.

O ministro Marco Aurélio Mello tentou resistir, mas sucumbiu. Se não houvesse unanimidade, estaria aberto o caminho para recursos, o que não convinha. Não tive direito a nada, a nenhum recurso. Foi um fuzilamento. E o Brasil assistiu a isso, uns aplaudindo eufóricos, e muitos aliviados dizendo: "ufa, não me pegaram!"

Passou o tempo, a onda veio e engoliu aqueles que aplaudiram e aqueles que se omitiram. E o poder judiciário de hoje, incluindo a juíza da vigésima vara de Brasília, continuam tendo que ocultar documentos.

Dor, injustiça e abandono

O relatório da CPMI indiciou mais de 160 pessoas, sem nenhuma investigação. Deste indiciamento que resultou a famosa denúncia dos 40, que partiu do Carlinhos Cachoeira e do Eurípedes Alcântara, da revista Veja, ambos envolvidos com as associações dentro do Ministério Público. A partir destas informações, Antônio Fernando fez a denúncia, e um Power Point malfeito: criaram os "núcleos" para encaixar as acusações, erraram até o meu nome. Precisavam justificar suas premissas, mas como, sem base documental alguma?

Nesse ínterim houve a busca e apreensão na Visanet, ordenada pelo ministro do STF Nelson Jobim. Quando chegaram os documentos, Antônio Fernando e o ministro Joaquim Barbosa pediram perícia do Instituto Nacional de Criminalística. O resultado foi entregue em dezembro de 2006, por meio do laudo 2828, que contradiz completamente a denúncia. Esse laudo ficou escondido em um outro inquérito, de cuja existência somente o PGR e Joaquim Barbosa sabiam. Nesse meio tempo, o TCU realizava uma tomada de contas especial no banco.

Na época me afastei de imediato e pedi aposentadoria. A questão principal era não prejudicar a Previ, que a todo momento se tentava enredar nesse escândalo. Era visível a forma como os grupos ávidos em recuperar as rédeas dos fundos de pensão atuavam e, mais do que tudo, a ganância que sempre tiveram e para a qual queriam o caminho livre.

Comecei primeiro a me dedicar um pouco à família, principalmente a meu pai, à minha madrasta, aos meus sogros e à Andrea, pois até então nos encontrávamos apenas nos finais de semana, dado o volume de trabalho que eu tinha.

Ao mesmo tempo ficava coletando documentos. No início de 2006 sofremos agressões de rua, todo o massacre da mídia, uma hostilidade indescritível. Como já narrei, fomos à Espanha a convite de minha irmã para respirarmos um pouco. Quando retornamos, começamos a procurar documentos. Por várias vezes tentei contato no partido, mas simplesmente fecharam-me todas as portas. O BB deu início a um processo de caça às bruxas, o tucanato havia assumido plenamente o poder e as pessoas que trabalhavam comigo foram saindo, se aposentando e sendo muito perseguidas. Alguns não suportaram a pressão e faleceram, como, aliás, sucedeu à dona Marisa Letícia, vítima de iniquidades semelhantes durante a operação Lava Jato. Inesquecíveis as mensagens de aplicativo de celular, divulgadas pela imprensa, em que o neurocirurgião Richam Faissal Ellakkis comenta que " tem que romper no procedimento, daí já abre a pupila e o capeta abraça ela".

Foi feita uma verdadeira devassa. Pararam os projetos. A presidência do banco estava na mão de um tucano; houve mudança, porém o comportamento tucano permanecia, as áreas do governo não reagiram e deixaram a coisa andar. Não tínhamos condição nenhuma de acesso, o banco fechou todas as portas. Na realidade era o que o grupo tucano no banco queria, retomar o controle. E o tucanato imperou até a chegada de Bolsonaro.

O Aldemir Bendine, por exemplo, sempre foi tucano. Ali se apresentou, fez algum favor, era um dos que atuavam na área de cartão de crédito. E atuou o tempo inteiro contra o PT no BB. Aproveitou para tirar os petistas autênticos do banco, ocupando seus espaços e se apresentando como petista. Em primeiro lugar vinha o bolso dele e depois os dos amigos. Quando ele saiu do BB, foi para a Petrobrás. Por que se deu poder a ele? A questão toda não é chegar ao poder, é ocupá-lo. E ele sabia fazer isso.

Os governos de esquerda deram espaço aos oportunistas, foram pusilânimes ou ingênuos, entregaram o Banco Central, deixaram o setor financeiro na mão dos tucanos. Essas são questões que hoje estão pendentes e criam dificuldades à adesão à esquerda. Para se ter uma ideia, no BB tínhamos mais espaço no governo tucano do que nos governos petistas, tanto que, no primeiro ano do governo petista, os funcionários fizeram greve, numa batalha para conseguir qualquer migalha. Quem permanece na luta espera que aquilo não se repita.

Todos os documentos que requisitei ao banco para provar minha inocência me foram negados. Como ex-diretor do BB, também tinha direito a apoio jurídico, que também me foi negado. Vazaram para a imprensa cópia da minha declaração de imposto de renda. Todos os anos os dirigentes do banco tinham que entregar sua declaração em envelope lacrado, e este só seria aberto caso ocorresse alguma irregularidade ou fraude. O meu IR, além de aberto, foi exposto.

No PT ninguém tinha tempo. O advogado contratado por mim, Mário de Oliveira Filho, a todo momento apresentava mais despesas e pedia para eu escrever a minha defesa. Eu e Andrea passamos dias escrevendo-a. Eu a enviava a ele, mas, depois de alguns meses, descobri que ele sequer a lia. Isso ficou evidente na aceitação da denúncia.

Era um oportunista, um daqueles advogados mercantilistas que sequer olham os documentos. Ele não acompanhou em nada o processo, e não sei se isso adiantaria ou não, o que quis é receber adiantado. Logo após a aceitação da denúncia, em agosto ou setembro de 2007, nós o dispensamos. Percebemos que ele não tinha lido nada, estava mais interessado nos cinco minutos que o Jornal Nacional dispensava a cada advogado.

Minha expectativa era a de não ser denunciado, já que não havia base nenhuma que sustentasse uma denúncia. O PGR usou relatórios preliminares de um processo no TCU; usou uma auditoria do BB para dizer que o dinheiro da Visanet era do BB, embora essa auditoria relatasse exatamente o contrário: que o dinheiro da Visanet *não* pertencia ao BB. O PGR me denunciou no STF, sabendo que eu não tinha foro privilegiado, pois nunca fui parlamentar, nem ministro, nem presidente da República.

A denúncia foi aceita pelos ministros do STF, que decidiram julgar 35 pessoas, cidadãos comuns. Mas no caso do mensalão tucano, o mesmo STF não admitiu julgar as pessoas que não tinham foro privilegiado. Todos os quinze denunciados, incluindo o senador Eduardo Azeredo, foram julgados na primeira instância, com direito aos recursos previstos em lei, que a mim foram negados. Aliás, Azeredo, do PSDB, foi condenado a 20 anos de prisão, ficou preso 18 meses e o STF o libertou, ao decidir que os crimes cometidos por ele eram eleitorais e o caso era de competência da Justiça Eleitoral, e, enquanto crimes eleitorais já estavam prescritos.

....

"Aos amigos tudo, aos inimigos a lei", célebre frase de autoria incerta, é muito apropriada para descrever o que passou a acontecer com a "justiça", a partir da vitória do Lula: um show de aberrações comandado por agentes públicos que usaram o Direito como arma para aniquilar seus oponentes políticos ou salvar quem lhes interessava salvar.

Nesses anos apareceu de tudo que há de mais podre e rapinante na sociedade. Veio à tona que o Banco Central abriu um processo para eu justificar porque tinha votado contra um balanço do banco. Membros do TCU, CVM, todo mundo queria (e quer) aparecer na foto.

Vemos o lado covarde das pessoas, vemos o terrorismo do próprio Estado. Surgiram escritórios fazendo cobranças, denúncias, ameaças. Até um caso de mais de 10 anos atrás, quando meu apartamento funcional em Brasília fora assaltado e um talão de cheques, roubado, foi ressuscitado.

Os amigos sumiram, com a desculpa de terem família, clientes. Outros ficaram quietos; alguns se acovardaram e deduziram que eu poderia ter mudado, que poderia ter feito alguma coisa errada. Sobrou um ou outro amigo verdadeiro. Numa situação dessas se tem a dimensão do que são os oportunistas. Os trabalhos realizados pela Andrea como arquiteta, por exemplo, foram reduzidos a encomendas de alguns poucos amigos.

Procuramos outro advogado, o Marthius Sávio Cavalcante Lobato, filho de um funcionário aposentado do banco. Ele se prontificou a nos ajudar. Eu era próximo de amigos dele e o conhecia de vista. Começamos a preparar a documentação para a defesa. Quando se tentava chegar até alguma instância do PT para contarmos que estava se consolidando uma mentira, as pessoas não davam a menor atenção. Para eles meu caso era página virada, não tinham nada a ver com o que estava acontecendo. O governo estava dando certo, eu que me virasse. Alguns aproveitaram o momento para ocupar espaço. Não à toa, o Zé Eduardo Cardoso concedeu entrevista para as páginas amarelas da Veja afirmando a existência do mensalão. Vai saber quais eram as intenções dele...

Nesse período fiquei muito tempo ao lado do meu pai. Minha madrasta adoeceu e faleceu bem perto da data do julgamento. Meu pai se isolou bastante, sentiu muito tudo aquilo, pois eu era o único filho homem vivo da família. Meu sogro nessa época começou a analisar os documentos e preparou um livro "O verdadeiro processo do Mensalão", no qual coloca os fac-símiles de todos os documentos que foram escondidos. Mas ninguém estava interessado em saber a verdade.

Procurei outros réus, levei documentos mostrando que a denúncia não era verdadeira. Me preparei para os depoimentos e não conseguia convencer ninguém de que as pessoas não estavam enxergando o todo. O pilar da acusação era falso, não havia desvio de recurso público. Entreguei ao Zé Dirceu documentos mostrando, de forma alinhavada, que tudo era uma farsa. Ele disse que os entregaria aos advogados. Restava a impressão de que as pessoas não estavam acreditando no que eu mostrava, era meu primeiro processo na vida, não tinha nenhuma experiência. O que fiz foi juntar todas as provas para mostrar que não podia ser acusado de nada.

Vivi em completo abandono. De onde eu esperava solidariedade e apoio recebi indiferença. Dediquei o tempo de que dispunha para estar junto aos meus pais, meus familiares em idade avançada. Procurei compensar um pouco da minha ausência de quando a correria do trabalho não me permitia estar com eles. Acompanhei a doença e falecimento da minha madrasta.

Estudei milhares de documentos. Dois amigos ajudaram a Andrea na organização de um índice da documentação. O processo não tinha sequência lógica, o relator, ministro Joaquim Barbosa, misturou alhos com bugalhos, muitos apensos e adendos continham uma microfilmagem de baixíssima qualidade. Resultou em um calhamaço de documentos, alguns quase ilegíveis, dispostos de forma desorganizada, aparentemente, não por falta de capricho, mas para atender a uma finalidade específica, a saber: dificultar o trabalho da defesa.

Do banco só levei bordoada. Solicitei oficialmente apoio jurídico, pedi para o banco emitir uma nota explicando que não sumiu um centavo. Era possível provar tudo, mas deixaram como estava. Mesmo com tantos percalços e dificuldades, preparamos a defesa com muita solidez. Apresentamos a carta que o banco havia enviado à Visanet nomeando outras pessoas, não eu, para representá-lo junto a ela. O ministro Joaquim Barbosa ignorou absolutamente tudo.

Julgamento

O julgamento começou no segundo semestre de 2012 e foi finalizado em novembro de 2013. No dia 15 deste novembro foi expedido o mandado de prisão. O espetáculo deveria ser completo, era preciso dar diversão ao povo. Como os demais martírios, tratava-se de um ato de exibição pública. Joaquim Barbosa havia demudado o julgamento em picadeiro, atendendo às mais inconfessáveis expectativas de quem o aplaudia. Havia muitos que tão-somente se deliciavam com o sofrimento alheio, e havia não poucos que se beneficiavam com todo aquele processo.

O show midiático, com encenações dantescas, proporcionou à grande mídia empresarial e corporativa altíssimos índices de audiência; e outros nutriam a expectativa de aproveitar o episódio para abater o governo e retomar o poder. Isso demandou um intervalo de tempo, a fim de que as mentiras fossem consolidadas. Foi estabelecida a lógica de Goebbels, a saber, de mentir com convicção e transformar a mentira em realidade.

Foi neste contexto que fui alvo de denúncia, indiciamento e condenação... por vários motivos. Os principais eram eu ser considerado uma liderança dentre a militância do PT, ser diretor de marketing do BB e, principalmente, a necessidade que grupos econômicos e políticos tinham de atingir a Previ, para mais facilmente rapiná-la. É difícil personalizar quem estava diretamente interessado no capital da Previ, que em 2005 girava em torno de R$ 85 bilhões... Não se pode esquecer neste contexto que o programa de privatizações de Fernando Henrique financiou sua reeleição e a eleição de deputados do bloco governista.

Nas privatizações tinha gente lucrando muito e, portanto, dispostos a pagar um retorno para quem as tinha facilitado. Assim formou-

-se o núcleo da bancada de apoio que aprovou o segundo mandato de Fernando Henrique. Havia os bancos, com uma série de negócios que giravam em torno das privatizações, havia as seguradoras, as grandes empresas, as construtoras... todos esses tinham muito interesse em tudo que se vinculava ao processo de privatizações.

O real objetivo do chamado mensalão era tirar o Lula. Então, o alvo foram pessoas chave do seu governo: o Genoíno, presidente do PT; o Zé Dirceu, coordenador da campanha e responsável pela estratégia da vitória do Lula; o Delúbio, tesoureiro do partido; Gushiken, ligado à comunicação; o João Paulo Cunha, ex-presidente da Câmara; e eu, que na campanha atuei no ambiente empresarial por ter contatos por meio da Previ.

Na avaliação de força éramos alvos consistentes e mais fáceis de abater. Caso fossem para o tudo ou nada poderiam não atingir seus objetivos. Com a reeleição do Lula em 2006 e a superação, pelo governo petista, da crise mundial de 2008, a destituição do PT do poder central tornou-se infactível. O foco então passou a ser o de acabar com os partidos de esquerda, os movimentos sociais e seus líderes. A mesma tentativa aconteceu em 1962, quando o Brizola resistiu e formou a rede da legalidade: recuaram por um tempo, mas para acumular forças e dar o bote em 1964.

Se fosse outra pessoa que estivesse ocupando o meu lugar, ela seria alvo igualmente. Não era pessoal, era uma disputa de projetos.

Quando os adversários políticos perceberam que o respaldo popular do Lula era intransponível naquele momento, resolveram partir para o "desbaste". Fizeram o serviço por etapas, com o objetivo de enfraquecer o governo. Conseguiram atingir seus objetivos depois, com o impeachment da Dilma. O julgamento ter durado um ano e meio foi a maneira de consolidar a pecha de corrupção: o Lula era ladrão, o PT era ladrão. Aliás, que fossem 40 os denunciados, com a insinuação óbvia de um pretenso "Ali Babá", foi tão fortuito quanto a unanimidade com que os desembargadores do TRF4 estenderam a pena que o então juiz Sérgio Moro impôs a Lula no caso do triplex do Guarujá.

Sem esse aumento da pena, Lula não teria sido preso, em virtude da idade. E sem a unanimidade, a sentença poderia ser questionada com embargos, o que arrastaria o processo, atrapalhando o trunfo imperioso: impedir que Lula se candidatasse a presidente em 2018.

Não tenho notícias de onde está Joaquim Barbosa. Se ele tiver consciência, por certo que está muito pesada; se não tiver, é provável que esteja agindo para que não venham à tona os males que fez.

Na véspera do julgamento, o advogado me informou que, em conversa com outros advogados, todos concluíram não haver nenhuma condição técnica de ocorrer a condenação. A defesa estava muito bem fundamentada e a acusação não apresentou nenhuma prova, portanto, não havia alternativa, seria a absolvição. Mas sabemos que não foi o que aconteceu. Os magistrados preferiram o caminho mais fácil, o do aplauso momentâneo, ou, se não tanto, resguardar-se dos ataques da turba inebriada pelos factoides reiteradamente repisados nos noticiários.

Ministério Público e Judiciário prestaram um desserviço às instituições que representavam, também ao país, quando fizeram o que jamais poderia ser feito em nome da justiça. E o maior desserviço foi ao povo brasileiro, pois chocaram o ovo da serpente. São os criadores da situação em que o Brasil se encontra hoje.

As condições do MP e do Judiciário não permitem que eles ajam com negligência ou má-fé. Entretanto, ao se sujeitarem a prestar o serviço de denúncia e perseguição de adversários políticos, os representantes da justiça passaram a ser os agentes. Havia a opção de rejeitarem esse papel, mas não o fizeram.

Quando começou o julgamento, nós resistimos, tentamos fazer a contra narrativa. Montamos o blog Mega Cidadania, fizemos eventos, exibimos os documentos. Mas não reverberou o bastante, pois quem deveria estar conosco acabou não se interessando ou lavando as mãos. Só agora a esquerda está tentando fazer a contra narrativa, porque só agora ficou claro que aquilo não era o ato final, mas apenas um ato intermediário. No blog, recebíamos recados que pediam para sermos moderados, pois nosso gesto poderia prejudicar o governo. Acreditavam que, com todo o processo armado contra nós, o partido e o governo haviam chegado ao fim.

Todo o processo foi montado por etapas. Primeiro houve o escândalo da CPMI, depois a denúncia criando os 40, depois a instrução processual completamente viciada e incorreta, rompendo todas as leis de julgamento no Supremo. Não foi respeitado o juízo natural, e eu fui julgado no Supremo, mesmo sem ter foro privilegiado, para impedir que houvesse instância recursal. Ninguém percebeu o que acontecia ou, se percebeu, não falou. Após isso tudo, vem a condenação... completamente estapafúrdia.

A obra, contudo, ainda não está completa, o projeto continua. A Petrobras é uma das pérolas em vista. A Eletrobras acaba de ser rifada. Temos que enxergar o horizonte, se não olharmos numa dimensão de médio e longo prazo, seremos surpreendidos novamente. E eles querem muito mais do que a Petrobras e a Eletrobras. A questão geopolítica está por trás disso.

A diferença dos acontecimentos recentes para 1964 é a atuação decisiva do Judiciário. No golpe de 64, o judiciário atuou como polo passivo, permitindo tudo, aliás, como na época do Getúlio. Atualmente o Judiciário passou a ser o instrumento, faz parte da engrenagem. Compromete, de forma irretocável, toda a instituição e continua comprometendo-a. Todas as regras foram rompidas, leis foram quebradas. Hoje o Judiciário faz o serviço que em outras épocas cabia aos escalões inferiores.

É o Judiciário que age como o operador em nome da lei, retirando a liberdade e os bens dos adversários. Para isso flexibiliza todos os códigos, rompe os acordos. A Constituição é um acordo de convivência e quem deveria zelar por ela é justamente o Judiciário, o seu guardião maior. Quando abre mão dessa função e passa a desrespeitar o acordo, o Judiciário assume outro papel: o de operador de seus mandatários. Por isso estamos vivendo a presente crise.

Há quem esteja tentando limpar o currículo. Alguns ministros do STF que há pouco tempo se pronunciavam de uma maneira, agora argumentam de maneira completamente diferente. A imprensa hoje se esconde e não expõe o Lula para não precisar fazer um mea-culpa.

Uma condenação impossível

Tinha certeza da minha absolvição, por absoluta falta de provas. Era tudo uma grande fantasia, e a base documental juntada ao processo era completamente contrária à denúncia. Mas o processo foi propositadamente montado para chancelar a versão dada pela mídia e pelos interessados em criminalizar quem não tinha nada a ver com o caso em questão. Qualquer semelhança com a Lava Jato não é mera coincidência.

Todo o processo foi microfilmado da forma mais desordenada possível, apensos e anexos eram simplesmente numerados sem nenhum índice, correlação ou ordem, o que tornava um suplício fazer a defesa. Havia quase 300 mil documentos, amontoados de tal maneira que sua organização ficava praticamente inviável, dificultando à defesa identificar as contradições da acusação. Durante toda a instrução do processo, nos dedicamos a organizar um índice de toda a AP 470, com uma sequência e classificação dos documentos, focando especificamente no meu caso, que dizia respeito à Visanet e ao Banco do Brasil.

Quando chegou o momento do julgamento, todos os documentos estavam organizados. As evidências eram muito nítidas: tínhamos cópias da carta em que o banco indicava um representante legítimo, junto à Visanet, que não era eu; apresentamos as declarações da própria Visanet e do banco comprovando que o dinheiro pertencia à Visanet e que foi gasto no seu propósito original que era propaganda e marketing dos cartões Visa Ourocard. Com toda documentação que apresentamos, a expectativa era óbvia, tínhamos certeza de que ninguém iria transpor o muro do bom senso. Mas, infelizmente, foi exatamente o que aconteceu.

Eu era o 17º na lista dos acusados. Na quinta-feira em que começou o julgamento, fui o primeiro a ser condenado, muito provavelmente para responder aos apelos da mídia e mantê-la alimentada durante o final de semana. Quando o julgamento foi retomado, na terça-feira seguinte, foi pedida a absolvição do João Paulo Cunha, acusado pelos mesmos crimes que eu. Repito: os mesmos que me condenaram pediram a absolvição para o João Paulo, evidenciando que a defesa feita pelo ministro Lewandowski foi muito boa. Pena que, no meu caso, Lewandowski me condenou, cometendo o erro de concluir o contrário do que estava escrito na auditoria do BB. A saber, o ministro disse que os recursos do fundo Visanet saíram dos cofres do BB, enquanto na auditoria que ele mesmo citou está expresso o contrário: que o fundo era mantido com recursos da Visanet e que esses recursos não pertenciam ao Banco do Brasil. Aliás, a função do documento era exatamente a de informar esse fato.

Fui condenado por peculato, por não ter fiscalizado quem eu teria responsabilidade de fiscalizar na execução do contrato de publicidade. Não ajudou o fato de o próprio banco afirmar que aquele dinheiro não lhe pertencia, e que por isso nunca tinha pedido a sua devolução. Afirmaram que bônus de volume era o mesmo que um bônus, mas apenas nos contratos do banco no período em que fui diretor de marketing, trabalhando com a DNA. Nenhum dos demais era bônus, nem os dos anos anteriores nem os dos anos posteriores à minha gestão. O caso não está tão distante das pedaladas fiscais que embasaram o processo de deposição da ex-presidenta Dilma. Somente as cometidas no seu governo em 2015 foram criminalizadas, conquanto tais operações fossem correntes antes e continuassem a ocorrer depois. Tampouco dista da prisão em segunda instância, que só vigorou durante o período em que chancelava a prisão de Lula e seu alijamento da corrida eleitoral de 2018.

Tudo que há de mais deplorável foi feito para justificar a condenação e dar uma resposta à voracidade da mídia, enquanto eu era condenado. A absolvição de outros passaria despercebida.

Fui condenado por corrupção passiva, embora jamais tenham apontado onde estaria o dinheiro. E também por lavagem de dinheiro, olvidando-se os senhores ministros que o crime de corrupção absorve o crime de lavagem – a Itália chamou a atenção para esse erro primário. Todas as condenações eram necessárias para se estender tanto quanto possível a dosimetria, assim silenciando a vítima. Esse era o real propósito, calar-me para sempre. Como uma mentira acaba por precisar se socorrer de outras, a farsa chegou a um ponto que só a minha morte enterraria o perigo de se trazer a verdade à tona. Afinal, como diz a bela lenda, há muito que a mentira roubou as vestes da verdade, que assim ficou nua.

Mas, apesar de todo o martírio a que fui submetido, alguma coisa me fez sobreviver. Resisti, embora ninguém quisesse me ouvir, nem mesmo muitos de meus companheiros. O que pôde ser feito naquele momento foi reunir algumas pessoas da família, um ou outro amigo que não se acovardou e conhecia todo o processo, para tentarmos juntos elaborar uma contranarrativa junto com o advogado Marthius Sávio Cavalcante.

Recebemos o apoio inesquecível do jornalista Raimundo Pereira, que, ao ler os documentos, percebeu o escândalo que havia por trás de tudo, toda a mentira e o desvio dos propósitos do Judiciário. Ele decidiu dedicar parte do seu tempo para revelar a verdadeira história do mensalão.

Enquanto o julgamento estava em pauta, procuramos outras pessoas que também estavam sendo condenadas, principalmente no campo da esquerda. E, para não aceitar passivamente o que nos imputavam, promovemos eventos com o propósito de esclarecer o que estava acontecendo. Fiz cópias de documentos mostrando a verdade. As pessoas nos acompanharam até um determinado ponto, mas depois sumiram. Soube mais tarde que o Zé Dirceu foi à direção do PT pedindo para o partido reagir, porém a executiva do PT achou melhor ficar de fora.

Conheci a arrogância da estrutura do estado e o que existe para humilhar e bater nos mais fracos, pois é em momentos assim que essa arrogância se revela. A única alternativa é sobreviver dia a dia, hora a hora, minuto a minuto. Tive o privilégio de ter a Andrea e meu sogro o tempo todo comigo. Meu pai me acompanhava à distância, devido a questões de saúde; alguns familiares também me deram suporte.

Durante um ano e meio vivemos trancados em casa, fazendo artesanalmente panfletos, boletins, alimentando o blog com documentos. Dormindo muito pouco e resistindo muito, juntando papéis, teses e estudos para tentar alguma coisa ao menos nos embargos. Mas não havia saída.

Joaquim Barbosa parecia querer se vingar do mundo. Parecia regozijar-se ao humilhar e reduzir as pessoas a nada, ofendendo a todos. O julgamento proporcionou-lhe uma glória pessoal, típica postura dos verdugos e carrascos. Ele esteve presente em todas as fases do processo: recebeu a denúncia, instruiu o processo, foi relator, juiz de acusação e, mais tarde, juiz de execução.

Chegou setembro e o destino era um só: o cadafalso.

A exceção

A resposta mais lógica que encontro para entender o porquê de meu processo ter ido diretamente para o STF é que, caso corresse pela primeira e segunda instâncias, toda a mentira seria derrubada. Então tudo foi encaminhado para o Supremo, e com os documentos propositadamente desorganizados, visando não a apuração, mas a condenação. E em nome dela tudo foi feito.

Foi criada a tese de que os crimes eram correlatos, portanto, o julgamento seria feito diretamente no STF. Não tive direito ao juiz natural; não tive direito sequer a embargos. Quando a Itália questionou o fato de eu não ter tido direito a nada, alegaram que tinha sido um privilégio eu ser julgado pela Suprema Corte. Não fui julgado por uma turma de ministros, e, para evitar o caso de haver algum recurso a ser submetido depois ao pleno, fui direto para a última instância. Todos sabiam o que estavam fazendo.

Todas as práticas do direito dizem que, na inexistência de qualquer prova, e se os fatos da denúncia não encontram relação com o processo, ele é encerrado e o réu inocentado. Mas comigo aconteceu o oposto.

Embora durante todo o processo e julgamento o próprio Banco do Brasil tenha afirmado que o dinheiro desviado não era seu, a justiça determinou que era dele. Com base nessa determinação, que contrariava o declarado pelo próprio BB, este entrou com um processo pedindo ressarcimento a mim do dinheiro que havia declarado não ser seu. A juíza deste processo solicitou a um perito judicial que fizesse análise das provas. O perito afirmou que o dinheiro não pertencia ao BB, e mais, que foi gasto corretamente e que eu não estou envolvido nessa questão. Como esse resultado contrariava o anteriormente determinado pelo STF, a juíza rejeitou o laudo feito pelo perito que ela mesma nomeou. E pediu para o perito alterar seu laudo. Ou seja, em vez de reparar um erro, o sistema judicial prefere cometer outro.

Quando recebi pelo advogado a notícia de que o ministro Joaquim Barbosa havia rejeitado monocraticamente todos os nossos pedidos, alegando serem protelatórios, passamos a temer pela minha própria vida. Afinal, as violações sistemáticas a meus direitos deixavam claro que queriam de todas as maneiras me silenciar, eliminar tudo o que colocasse em risco a narrativa forjada contra mim.

Passamos a acalentar a esperança de que talvez na Itália uma análise mais cuidadosa do meu caso fosse feita. Entre chance nenhuma e uma pequena chance, decidi ir para a Itália.

Em outubro do ano anterior meu passaporte já havia sido confiscado. Um dileto amigo, Alexandre Cesar Costa Teixeira, recém-falecido, sugeriu como e o que eu deveria fazer para sair do país e conseguiu quem me ajudasse. Eu tinha alguns contatos na Itália, um sobrinho que estava trabalhando na Ferrari e outros possíveis contatos através de amigos meus. Mas deu errado, não conseguia localizá-los e havia outros inconvenientes.

Dois meses antes de ser decretada a minha prisão, saí do Rio de Janeiro rumo a Dionísio Cerqueira (SC), fronteira com a Argentina. Lá recebi os documentos que passaria a utilizar. Da fronteira, parti para Buenos Aires e, da capital argentina, peguei um voo para Barcelona. Lá, do aeroporto fui até a estação de metrô, onde fui assaltado por uns romenos; me tomaram tudo, fiquei sem documentos, sem nada... ao menos saí com vida. A rua que circunda a estação estava sendo utilizada por táxis. Alguém esbarrou e avançou em mim, enquanto outro passou com os vidros do carro abertos. Minha mochila foi jogada dentro deste carro e fiquei sem nada: tudo muito rápido... e chocante.

Depois do assalto foi um Deus nos acuda. Em um dos bolsos da calça eu tinha cerca de oitenta euros e mais algumas moedas. Esse dinheiro era suficiente apenas para comprar uma passagem de ônibus. Comprei um bilhete para Milão. Chegando, de um cyber café liguei para o meu sobrinho, pedindo para me buscar na estação. Ele conseguiu algumas roupas para mim e foi me sustentando até eu conseguir tomar pé da situação.

Todo o processo de refazer meus documentos foi demorado. Fiquei sem nada, não podia nem sair de casa. Apresentei uma denúncia à polícia, comunicando o roubo dos meus documentos. Traduziram-na, mas algumas informações eles já possuíam. Estando na clandestinidade tudo vira risco, qualquer barulho, qualquer campainha, uma pessoa que te olhe ou que caminhe atrás de você, tudo isso é risco.

Ir para a clandestinidade não é propriamente uma opção. Você está encurralado pela justiça, imprensa, sociedade... e a forma de conseguir viver é não ser mais notado. A paranoia é ser notado, reconhecido; o seu único objetivo é não chamar a atenção.

A primeira prisão

Fui encontrado em fevereiro de 2014. Fui detido e a Itália comunicou o fato ao Brasil. Como havia um acordo de extradição entre os dois países, o Brasil pediu minha extradição. Eu não concordei com o pedido, o Brasil tinha que fazer todo o processo dentro do acordo.

Explico: para que haja a extradição é necessário que se preencha uma série de requisitos contidos no acordo, e o Brasil não os preencheu. Quando o pedido foi para corte italiana, em outubro de 2014, o pedido de extradição foi negado, fui posto em liberdade. Em fevereiro do ano seguinte, novamente o Brasil pediu minha prisão, alegando que eu poderia fugir.

Retomando

Cheguei na Itália em meados de setembro de 2013. Os documentos que havia utilizado para sair do Brasil foram todos roubados, e tive muita dificuldade para me locomover nesse período. Não podia me expor em espaços públicos, a falta de documentos me impedia de procurar alguém. Fiquei em Maranello, onde meu sobrinho tinha um apartamento funcional. Andrea chegou em novembro, mas apenas em dezembro consegui renovar minha carteira de identidade italiana. Procuramos um espaço para ficarmos e escolhemos Portovenere, na região da Ligúria. Um casal de idosos muito gentil nos alugou uma pequena casa já mobiliada.

Entre o Natal e ano novo, a Andrea tinha ido a um shopping fazer compras e percebeu que havia sido assaltada. Levaram sua carteira com todos os documentos. Mais uma vez foi um Deus nos acuda. Como já havíamos morado na Espanha, Andrea tinha documentos de lá. Decidiu que iria para a Espanha para pegar uma segunda via de seus documentos, e eu retornei para a casa do meu sobrinho, ficando lá por uma semana até a volta da Andrea.

Dia quatro de fevereiro estávamos na casa do meu sobrinho, organizando nossas coisas para retornar a Portovenere, quando percebemos que havia faltado luz. Resolvi ir à rua ver o que estava acontecendo. Quando abri a porta chegaram alguns policiais dizendo que eu estava sendo procurado pela Interpol e que deveria acompanhá-los. Fui para uma espécie de delegacia, tomaram minhas impressões digitais, fiz foto, exames de saúde e outros procedimentos. Perguntaram-me se tinha advogado, respondi que não. Havia perdido totalmente o referencial, não sabia de coisa alguma.

O delegado chefe perguntou se eu sabia por que estava sendo procurado. Disse que não sabia, porém deduzia o motivo. Fui informado que havia um pedido de extradição do Brasil. Ao ser questionado sobre se concordava em ser extraditado livremente, respondi que não. Perguntei quais seriam as implicações com minha recusa. O delegado me informou que seria feito um processo de requisição e que, até que tudo estivesse resolvido, eu deveria ficar detido, à disposição da justiça italiana.

Primeiros dias na cadeia

Tenho algumas imagens em mente... É difícil falar sobre isso. Não sabia pra onde iria, como iria, como seria o amanhã, nada. Foi uma surpresa, nunca tinha passado por algo semelhante, o impacto foi muito grande. Lembro que era frio e úmido. Fiquei uns três ou quatro dias fora do ar, dominado pelo cansaço e pela angústia.

O tratamento dos policiais era muito humano. Às vezes parecia que eles não sabiam o que estavam fazendo. Eu percebia isso pelos seus gestos, quando era preciso fazer alguma coisa o faziam quase que pedindo desculpas.

Ao final do dia, depois de todos os trâmites burocráticos da minha detenção, fui levado para Sant'anna, um presídio de Módena. Quando cheguei lá, passei por outros procedimentos burocráticos. Fui encaminhado para uma cela onde já havia um romeno. Todas as celas possuem tevê e, graças a isso, à noite vi no noticiário que havia vários repórteres procurando maiores informações sobre mim. Minha preocupação era com a Andrea, lá dentro eu não tinha noção do que acontecia do lado de fora.

No presídio havia muitos muçulmanos, pessoas do leste europeu, prisioneiros vinculados às drogas ou a crime de furtos. No primeiro dia havia uma certa curiosidade deles em relação a mim. Quando descobriram que era brasileiro perguntaram sobre futebol. Por ter cabelos brancos, passei a ser chamado de zio, tio em italiano. Lá dentro há um código de respeito e alguns serviços considerados mais pesados são realizados apenas pelos mais jovens.

O fato de falar italiano e espanhol e saber um pouco de francês e inglês me ajudava bastante na comunicação, principalmente com os muçulmanos. Não tive nenhum problema dentro do presídio. Todas as celas possuem banheiro com água quente e uma televisão. Logo no início fiquei em uma cela para duas pessoas, mais tarde fui transferido para uma maior, com capacidade para quatro pessoas, mas era raro ficar totalmente ocupada.

As roupas de cama eram trocadas semanalmente e materiais de higiene pessoal, calçados e roupas eram oferecidos a todos os detentos. Os responsáveis pelas refeições obedeciam a um regramento, a alimentação era levada até as celas por um carrinho no qual disponibilizavam pratos e talheres. Era servido também um lanche pela manhã e outro, durante a tarde.

Todas as alas possuem sala de jogos, na unidade há uma biblioteca, salas de aula, cinema, igreja, teatro, área aberta para banho de sol diário e uma quadra esportiva que podia ser utilizada uma vez por semana. Quase todo sistema de segurança é eletrônico, com fechamento e abertura de celas automatizado. Nenhum agente usa arma.

Fiquei impressionado com o sistema de saúde oferecido. Nos primeiros dias eles realizam todos os exames e depois foi feito o acompanhamento médico; todas as noites, após o fechamento das celas, uma enfermeira circulava pelos corredores para verificar se alguém precisava de auxílio. E era feita a distribuição de medicamentos para quem estava fazendo tratamento.

As visitas eram distribuídas em alguns dias da semana, com duração de uma a duas horas, num espaço especial. Não há revista íntima ou qualquer coisa vexatória, o visitante passa por um detector de metal. Andrea foi me visitar no terceiro ou quarto dia; recebi eventualmente a visita de alguns amigos e parentes.

O serviço social oferecido é muito interessante, é público, realizado por voluntários. E o acesso é livre. Igualmente, as igrejas fazem um trabalho muito grande de recuperação e apoio, promovendo o contato com familiares, trazendo defensores e propiciando a reintegração dos detentos. Muitos presos se envolvem com cooperativas, conseguem trabalho para quando saírem poderem se reintegrar à sociedade.

Muitas iniciativas, mais vinculadas às igrejas, são voltadas aos detentos que não cometeram crimes violentos. Eles são encaminhados para casas de recuperação com o acompanhamento de um coordenador, e não para o presídio. A maioria do trabalho desenvolvido nessas casas está ligada à produção rural, de artefatos ou a algumas fábricas, constituindo uma pequena comunidade.

No presídio era permitido cozinhar. Havia um pequeno supermercado. Os familiares depositavam dinheiro em uma conta e o detento recebia um cartão para realizar suas compras. Podia comprar tudo, apenas bebidas alcoólicas eram proibidas. Aos finais de semana, reuniam-se os presos de duas ou três celas para cozinhar juntos.

Embora eu tenha sido bem recebido e bem tratado, levei alguns dias para ter noção do que estava vivendo a partir dali. No terceiro dia, quando fui levado à audiência de custódia em Bolonha, a desembargadora me cumprimentou, explicou o que estava acontecendo, me informou que havia uma determinação do Brasil para eu permanecer preso e que o Ministério Público italiano acatou a decisão da justiça brasileira, devido às relações diplomáticas entre os dois países.

A desembargadora pediu para eu contar um pouco sobre as acusações contra mim. Conversamos mais um pouco, ela agradeceu pelas informações que forneci e se despediu. A arrogância e a soberba daqui não existem lá. No Brasil, quando fui assinar minha condicional em dezembro de 2017, por exemplo, eu estava algemado, acompanhado por cinco guardas e o juiz permaneceu a dez metros de distância de mim.

Em vários momentos se pensa em uma forma de acabar com o sofrimento. Nesse aspecto, os pastores, o arcebispo, padres, assistentes sociais e até mesmo os colegas de prisão acabam te incentivando para resistir, para não se entregar, ir à luta. Mas a vontade de acabar com tudo é sempre tentadora. Há uma série de cuidados nesse sentido, embora às vezes coisas assim acontecessem lá. Presídio é o último local onde se encontra um pouco de humanidade. Certa vez o coronel comandante do presídio de Sant'Anna, onde eu estava, me disse que a dignidade de um povo se mede pela forma como ele trata seus prisioneiros.

A liberdade

Em 28 de outubro a corte de apelo de Bolonha decidiu que eu não deveria ser extraditado e fui posto em liberdade. No fundo eu esperava por essa decisão.

Andrea não tinha a mesma esperança, estava numa tensão enorme. Meu sobrinho conseguiu um advogado que acabou virando um grande amigo, Alessandro Sivelli, uma pessoa a quem sou e serei eternamente grato. Tenho uma admiração muito grande por ele, que me revelou um tratamento muito diferente do que me mostraram os advogados do Brasil.

Eles defendem a pessoa e entendem o lado humano e familiar. Não estão ali apenas para cumprir burocracia e ganhar dinheiro fácil. Sua postura é incomparável com a dos advogados que me atenderam no Brasil, e falo isso com muita dor. A Camila Ovi, estagiária do Alessandro, acompanhou tanto o caso que é a pessoa que mais conhece o meu processo, depois da Andrea.

Camila ficou tão envolvida no processo que, quando fui para o regime semiaberto, ela tirou férias. Já como juíza, na Itália, veio ao Brasil nos visitar. Foi uma das primeiras visitas que recebemos. Tanto ela como o Sivelli acompanham até hoje o desenrolar do processo. Eles não fizeram advocacia para ganhar dinheiro; os preços que praticam, inclusive, nem se compara com os nossos: o valor cobrado para fazer toda a defesa, conseguir minha liberdade, acompanhamento, ir à corte, corresponde a 20% do que o Mário de Oliveira Filho me cobrou para ir a duas sessões.

Recebi visita de políticos enquanto estive na Itália, inclusive do presidente da Comissão de Direitos Humanos do parlamento, Senador Luiggi Manconi, da Senadora Maria Cecília Guerra, entre outros. 24 senadores assinaram um manifesto exigindo esclarecimentos dos Ministros da Justiça italiana e brasileira. Corre à boca pequena que, depois de a corte de apelo negar minha extradição, houve alguns movimentos muito suspeitos, até então nunca revelados, como a contratação de um escritório de advocacia na Itália. O acordo entre os dois países não prevê esse tipo de situação. Talvez não seja casual que esse escritório pertencesse ao sobrinho do ministro das relações exteriores da Itália.

A corte de apelo decidiu não me extraditar, a constituição e a lei italianas preveem que ninguém pode ser extraditado sem o "de acordo" da Corte de Apello, a não ser por ato do Ministro da Justiça. Fui extraditado sem o "de acordo", aliás, até hoje a Corte de Apello de Bolonha mantém a decisão da não extradição. Os valores recebidos pelo escritório de advocacia eram da ordem de U$ 300 mil, pagos pelo Ministério da Justiça, comandado por José Eduardo Cardozo, e pela Procuradoria Geral da República, na figura de Rodrigo Janot. Há muita coisa ainda a se explicar desse evidente *lawfare*.

Em 28 de outubro de 2014 fui liberado e, em fevereiro de 2015, mandaram me prender novamente. Uns dias depois, em março, o Zé Dirceu foi preso no Brasil. A operação Lava Jato estava a plenos pulmões, favorecida pelo auxílio luxuoso da imprensa hegemônica. Retornei para a mesma prisão e só saí em outubro para ser extraditado. No Brasil fui encaminhado para cumprir pena na Papuda. Para que minha extradição fosse efetivada, o Brasil, assinou um acordo de compromissos com a Itália, que viria a descumprir. Desde então, a Itália tem negado pedidos de extradição ao Brasil, em função do descumprimento do acordo, agravado pelos maus tratos e as condições precárias dos presídios brasileiros.

Logo depois que voltei da prisão na Itália, perdi meu pai. Quando, num primeiro momento, a Itália não concedeu a extradição, ele se animou e me chamou via Skype, dizendo que pensava em ir me visitar. Mas quando soube das tramas, desistiu de viver. Talvez tenha sido melhor assim, porque teria sofrido muito se tivesse visto tudo que fizeram depois... Não vacilo em debitar a esses verdugos também a morte do meu pai.

Tanto na Itália quanto na Papuda, conheci pessoas que cometeram algum deslize. Talvez pra elas seja mais fácil encarar o cárcere. Mas, sendo inocente, só me pergùntava o que tinha feito de errado pra viver aquela situação. A gente vem se arrastando até hoje, a Andrea acaba de ser condenada... O que havíamos economizado em uma vida foi gasto com processos, advogados, e até o apartamento em que vivo foi agora penhorado. Constantemente nos perguntamos até onde conseguiremos resistir. Mas sempre aparecem pessoas que nos dão esperança, chamo-as de anjos. E assim continuamos nosso caminho, a cada dia mais estreito, devido ao assédio judicial que eterniza.

Nenhum dos meus companheiros de cela e prisão me perguntou se eu era inocente, mas sabiam, percebiam. Existe um tipo de comunicação além da fala, é uma comunicação mais instintiva e intuitiva, que se dá já ao bater o olho. E eles sabem quem ali é inocente ou não, assim como Joaquim Barbosa também sabia. Acusar, julgar, condenar e executar foi uma decisão dele, e só cabe a ele, caso queira, explicar por que fez isso. Se foi por alvitre ou pressão...

Das dores por que passei, esta é a mais funda e duradoura. Saudade, desespero, angústia, desesperança, indignação, tristeza, tudo isso se soma e vai me matando por dentro.

Vivo no Brasil, luto e sempre lutei pelo nosso povo, mas se na Itália tivéssemos encontrado advogados como os que encontramos no Brasil, teríamos jogado a toalha. Recebo mensagens até hoje de pessoas que nos acolheram. É isso que nos dá força e certeza de que nossos verdugos não vencerão.

A extradição

Como disse, a justiça italiana se recusou à extradição com base na lei. Eu não poderia ser extraditado sem que a corte de apelo de Bolonha desse um "de acordo", que até hoje não deu. Este foi o empenho do governo brasileiro em prestar contas aos algozes e se mostrar cumpridor das tarefas ditas republicanas. Foram feitos todos os empenhos, a ponto de contratarem com dinheiro público um escritório de advocacia para trabalhar na extradição, caso inédito. Escritório que, é bom recordar, ergue suspeita, por ser do sobrinho do ministro das relações exteriores da Itália, que depois passou a ser primeiro-ministro.

O valor cobrado pelo escritório era exorbitante e despropositado, pois o acordo não prevê esse tipo de atuação. Esse empenho demonstra que no Brasil há uma submissão ao poder imperial. Basta pensar que no caso Alan dos Santos, em que o governo brasileiro se mostra bem mais moroso. Afinal, ao menos até o presente momento, quando este livro está em elaboração, sequer a Interpol foi comunicada. No meu caso, no dia seguinte à minha saída do Brasil, a Interpol já estava sabendo de tudo, o que dificultou em muito a minha situação, principalmente devido ao assalto em que perdi todos meus documentos em Barcelona. A movimentação, no início, para eu poder pedir a alternativa de um novo julgamento, ou uma verificação do julgamento do Brasil na Itália, ficou comprometida.

O que acabou acontecendo foi um adesismo ao justicialismo contra a esquerda e ao PT. E uma adesão às injustiças que estavam sendo perpetradas. Acrescente-se também o servilismo. Quando a justiça se recusou a atender o pedido de extradição, então se buscou outros artifícios e, no final, o assessor do ministro da Justiça acabou assinando uma portaria.

Houve uma cumplicidade sem paralelo. No caso do Salvatore Cacciola o governo brasileiro, tucano na época, não agiu dessa forma. Atualmente, no caso do Alan dos Santos, o governo também não agiu dessa forma. Sofro muito em pensar nisso, foi uma atitude submissa que acabou custando um alto preço depois, porque assim foram legitimadas as injustiças no Brasil, o que acabou por encorajar a operação Lava Jato, o golpe contra Dilma, a prisão de Lula e a eleição do Bolsonaro.

Não gosto de olhar pelo retrovisor, mas ficou provado que eles estavam completamente afetados pela lógica do opressor. Esse comportamento funciona de forma arrasadora no imaginário popular, porque ninguém quer ser liderado por quem tem medo. Quando o líder dá sinais de medo, os liderados o abandonam, o tempo e a história já o provaram. Isso tudo acabou gerando um coronelismo tosco, em que as autoridades não se impõem mais por respeito e sim pela truculência: e foi o judiciário quem inaugurou esse período e assim destruiu muito do Brasil.

O papel de uma liderança nesse momento é demonstrar firmeza e não deixar que se ultrapasse os limites. Se a autoridade se acovarda, perde-se o controle da situação, do bom senso e das leis. O resultado é uma catástrofe.

O julgamento na Itália foi realizado em Bolonha. A Andrea, meu sogro e um casal de amigos me acompanharam. Um grupo de procuradores brasileiros também estava lá. A corte não permitiu que participassem do julgamento e eles ficaram apenas como ouvintes. A imprensa acompanhou tudo.

O Ministério Público italiano, representando o Brasil como estado requerente, defendeu minha extradição e o advogado defendeu a minha não-extradição, com todos os argumentos. Após a reunião da corte, ficou decidido que o Brasil não preenchia os requisitos e, portanto, eu não seria extraditado e deveria ser colocado em liberdade, podendo viver dentro do território italiano sem nenhuma restrição. Depois do anúncio da decisão houve muita emoção, inclusive dos agentes penitenciários que me acompanhavam. O pessoal chorou, abraçou-nos e os procuradores brasileiros saíram de lá reclamando na televisão. Meu sogro muito emocionado desabafou aos jornalistas, dizendo que, enfim, voltou a ver um pouco de justiça na Itália, pois, no Brasil, a "justiça" destruiu a sua família. Os agentes me levaram para Sant'anna, no cárcere onde estava preso, para simplesmente pegar minhas coisas. Fui à prisão pegar meus documentos e uma série de coisas pessoais. Era noite e na frente de Sant'anna, o que me esperava era um verdadeiro carnaval, um espetáculo da imprensa.

Depois de muitos anos de sofrimento, de ver minha família sofrendo, de não entender por que fui declarado inimigo tanto da "justiça" como do partido e do governo a cujo êxito dediquei minha vida, naquele momento, ao enxergar o portão de saída de Sant'Anna, senti um alívio. O primeiro, depois de uma eternidade de massacre sem trégua. Naquele momento, fiquei feliz, mas até minha felicidade foi criminalizada pela imprensa brasileira. A partir dali, me tornei culpado, criminoso por ter me sentido feliz.

A Andrea me buscou de carro e, a poucos metros de Sant'Anna, percebeu que dois táxis nos seguiam. Eram os repórteres. Andrea parou em uma rua escura e sem movimento algum, desceu do carro, foi até os táxis e pediu aos jornalistas que nos dessem uma trégua. Não foi atendida. Continuamos a ser seguidos, perseguidos, de fato. Mesmo assim, em algum momento, conseguimos despistá-los.

Durante o julgamento do mensalão, enviamos muitos documentos à imprensa corporativa, numa tentativa de mostrar que era injustiça o que estava promovendo. Ninguém deu atenção. Era impossível, portanto, imaginar que os jornalistas, que são empregados dessa imprensa corporativa, iriam nos ouvir para informar fatos. Nunca informaram. Publicavam somente as versões que interessavam aos seus chefes.

Depois desse dia de redenção para nós, começaram as negociações políticas com a Itália, com visitas de autoridades, de promotores, do presidente do STF...

Após o julgamento de extradição em Bolonha, tudo foi feito no tapetão de negociações, que uns chamam de diplomáticas, outros chamam de políticas, mas o adjetivo apropriado é escusas. Na mesa de negociações, estavam o comércio de fragatas, telecomunicações, investimentos e a proteção dos interesses italianos no Brasil, incluindo o interesse no caso Cesare Battisti. Essas informações não saíram da minha cabeça, e foram, sim, publicadas pelo jornalista Jamil Chade, em 15 de fevereiro de 2015, três dias depois que voltei a ser preso na Itália, após a decisão, pela extradição, da corte de cassação, correspondente ao STF no Brasil.

Aconteceram alguns movimentos pela minha não-extradição. Um deles contou com a participação de políticos, principalmente de senadores, vários deles do mesmo partido do ministro da justiça e do primeiro-ministro italiano, e alguns deputados no parlamento europeu. Três senadores e uma deputada do parlamento europeu me visitaram na prisão. Contudo, quando fui extraditado para cumprir pena na Papuda, ninguém, nenhum político do partido pelo qual tanto lutei, pôde vir me visitar, porque isso provavelmente os chamuscaria, dado todo o alarde que foi feito. Entidades e organizações da sociedade civil também se movimentaram a meu favor, na Itália. Outro foi feito dentro do presídio. Como os detentos tinham acesso a informações pela televisão, houve várias manifestações, inclusive greve de fome.

Os senadores italianos se movimentaram em meu apoio, interrogaram formalmente o ministro da justiça da Itália no parlamento, organizaram eventos públicos para tratar do meu caso e chamaram uma coletiva de imprensa no senado, em Roma. Do Brasil, compareceu uma única jornalista freelancer e a dedução que se pode fazer, é que não havia interesse algum, por parte da imprensa brasileira, em informar fatos que colocassem em xeque a versão que havia sido construída no Brasil, a partir do mensalão, para criminalizar o PT e, principalmente para atingir Lula.

Dói muito saber que esses fatos poderiam ter sido evitados com um novo julgamento, isento, feito na Itália. Ou até mesmo pela ampliação do debate que já, naquela época, ocorria no Brasil, sobre os métodos que foram usados pela imprensa e judiciário para cometer injustiças, usando o Direito para fins políticos partidários, para aniquilar oponentes políticos.

No final, não se sabe por que o Ministro da Justiça da Itália resolveu não atender os pedidos dos seus correligionários políticos e dos movimentos que não concordavam com a minha extradição e, em abril de 2015, assinar o decreto de extradição.

Junto ao decreto, havia a informação de que, dentro do prazo de vinte dias, o governo italiano me colocava à disposição das autoridades brasileiras.

Imediatamente as autoridades brasileiras foram à Itália para me trazer ao Brasil, mas perderam a viagem, pois a corte administrativa italiana solicitou esclarecimentos sobre o decreto, ficou um tempo fazendo mais exigências ao Brasil como condição para tomar uma decisão. Depois entramos com um pedido na corte europeia, que apenas julgou liminarmente, decidiu que o ministro da Itália tinha poderes e autonomia e não fez mais nada.

A partir daí, passei a conviver com a expectativa de que seria extraditado a qualquer momento. Um dia, por volta das 16 horas, me mandaram pegar meus pertences. Fui colocado em uma van e levado ao aeroporto de Milão. Estava sendo extraditado e Andrea ainda não sabia de nada.

De volta ao Brasil

Enquanto estive sob a tutela da Itália não fui exposto, mas, ao chegar no aeroporto e ser entregue às autoridades brasileiras, me transformei em um troféu para a mídia ali presente. O delegado da Polícia Federal, André Luíz, foi extremamente respeitoso comigo, seguiu todos os protocolos da Itália e dos acordos internacionais.

Ao chegar em São Paulo, me deparei novamente com todo o exibicionismo midiático truculento. Todo mundo queria aparecer, até mesmo passageiros do meu voo concederam entrevista aos repórteres. O comportamento exibicionista e autoritário é próprio dos fracos, enquanto não o expurgarmos enfrentaremos tristes consequências.

De São Paulo fui mandado para Brasília, e levado para uma unidade da polícia, com a justificativa de fazer exame de corpo delito. O exame se resumiu a me perguntarem se estava me sentindo bem. Ao chegar na Papuda, fui recebido pelo diretor da unidade e pelo subsecretário de serviços penitenciários. Perguntaram-me se possuía roupa branca, única cor de vestimenta permitida no local. Diante da minha negativa, fui orientado a pedir aos meus familiares que providenciassem o quanto antes as roupas brancas, pois poderia permanecer com as roupas que tinha por apenas dois dias.

O delegado André Luiz me acompanhou desde o embarque em Milão até a Papuda. Perguntou se eu tinha algum conhecido em Brasília que ele pudesse acionar em caso de alguma emergência. Tinha alguns conhecidos, ex-colegas de banco, mas não sabia o contato de ninguém. Ele pediu o nome de alguém, falei o do Abreu. O delegado disse para eu não me preocupar que ele daria um jeito de encontrá-lo.

Um dia o Abreu foi me visitar e me contou que o delegado entrou em contato com ele, explicou o que estava acontecendo comigo e perguntou se ele poderia me dar um apoio. Esse delegado foi uma pessoa fora da curva, cumpriu seu papel ao mesmo tempo em que foi humano e respeitoso.

Não me permitiram falar com a Andrea; queria dizer que estava bem. Aproveitei então que era o dia de visita aos presos e pedi a uma advogada que enviasse um e-mail à Andrea, comunicando que eu estava no Brasil e estava bem.

Já dentro da unidade prisional, o Manoel, outro detento, perguntou-me se eu tinha lençol de cama. Ele e outros presos deram um jeito e conseguiram algumas coisas pra mim. Tempos mais tarde tive o prazer de ajudar o Manoel a aprender a assinar seu nome... Com o tempo fui entendendo que é nos andares de baixo da sociedade que se encontra a humanidade.

Vencido pelo cansaço, fui dormir. No dia seguinte acordei com o corpo todo picado por mosquitos. Consegui me inscrever para ir à enfermaria. Mesmo estando dentro da unidade, somos encaminhados ao atendimento algemados. Pedi um repelente e outros medicamentos que utilizava. A médica me deu um vidrinho. Chegando na cela percebi que dentro do vidrinho o que havia era um laxante.

O Manoel e o Zé do Ouro conseguiram mais alguns lençóis e uns pedaços de tela. Eles fizeram uma espécie de biombo, que reduziu bastante a quantidade de mosquitos, e finalmente meus tornozelos desincharam um pouco das picadas.

O chefe do pátio, Eliezer, pediu para eu trabalhar. Passei a distribuir quentinha, pasta de dente. Quase ninguém sabia escrever, por isso montamos uma escolinha e uma biblioteca. Fiz 14 cursos lá dentro e todas essas atividades diminuem o tempo de pena a cumprir, a chamada remição. Por cada três dias de trabalho e/ou estudo, um dia da pena é reduzido.

Pela lei de execução penal eu deveria cumprir 22 meses em regime fechado, menos os 400 dias, de remição da pena a que tinha direito. Mas me deixaram no fechado por mais de 44 meses. Quase 18 meses na Itália e quase 27 meses no Brasil.

Esse tempo maior de prisão foi por obra do ex-PGR Rodrigo Janot, do ministro Luís Roberto Barroso e da juíza de execução penal Leila Cury, como mais uma forma de demonstrar poder. O Ministério Público de Brasília manifestou-se sobre eu já ter cumprido todo o tempo de detenção previsto em março de 2016. Quando fui para o regime semiaberto, na verdade já tinha tempo para ir para o aberto.

Dia 30 de agosto de 2017 fui liberado pela primeira vez para ir trabalhar e voltar à prisão, como prevê o regime semiaberto. Nesse mesmo dia eu havia cumprido o tempo necessário para o livramento condicional que me permitiria dormir em casa.

Papuda

Cadeia é cadeia em qualquer lugar do mundo. Não é local para um ser humano. Porém, existem diferenças no tratamento dos presos de um lugar para o outro, de um país para outro. Vivenciei duas realidades diferentes, uma em Sant'Anna, na Itália, e outra na Papuda, no Brasil. A primeira diferença substancial reside na questão dos direitos humanos, que orienta a política e administração da penitenciária, desde o carcereiro e fornecedor de quentinhas aos juízes de execução e Ministério Público.

Na Itália - e isso é assim em qualquer país mais democrático, que respeita os direitos humanos - os direitos do detento são preservados, é reconhecida a dignidade humana, independentemente do motivo pelo qual alguém está preso. Os familiares são respeitados tanto nas visitas aos apenados quanto na forma como os funcionários se relacionam com eles. Nenhum desses funcionários, incluindo os policiais, está armado. A penitenciária oferece a possibilidade de se retornar à sociedade o mais rápido possível, cooperativas são organizadas para abrigar ex-detentos ou detentos em regime semiaberto.

Os juízes de execução e gestão do cárcere trabalham no sentido de resgatar a pessoa, sem ofendê-la. Não se trata de xenofilia, esse foi o abismo entre o que vi e vivi lá e aqui.

No Brasil a orientação é punitivista e vingativa, não se respeitam os direitos humanos, *o único direito é não ter direito*. Já nem existe a condição de humano, direitos não são mais considerados nesses ambientes. Os verdadeiros verdugos estão mais acima: juízes de execução e promotores não têm preocupação em resgatar, recuperar e respeitar as pessoas. Ao contrário, se puderem jogá-las no desespero e na mão da criminalidade organizada dentro do cárcere, o fazem. Essa é a orientação e a forma como trabalham.

Usam o termo reeducando... chega a ser cômico. Quem é tratado como animal não tem condições de se reeducar. Lá dentro só existe gente maltratada. Vi pessoas entrarem sãs e ficarem cegas, surdas, pessoas com mal de Alzheimer, vi pessoas morrerem por falta de atendimento médico. E olha que eu estava em uma ala mais amena, e não na que chamam de Cascavel. Na Cascavel é o desespero do desespero. O entardecer, na Papuda, é aterrorizante, verdadeira orquestra de terror, pois milhares de presos gritam e choram. São mais de três mil pessoas vivendo em condições desumanas, quase metade sequer foram julgados.

Não há justificativa para o que acontece no sistema prisional brasileiro, a não ser sua falência completa e o sadismo de quem o administra e dos responsáveis por ele, como o judiciário e o Ministério Público. Não existe qualquer interesse em resgatar as pessoas presas.

Uma das primeiras coisas que constatei na Papuda foi o grande número de analfabetos. Por serem analfabetos não tinham condições sequer de remir alguns dias pelo trabalho, já que não conseguiam sequer fazer uma assinatura na folha de papel e ninguém se preocupa em oferecer alguma alternativa. Outros não sabiam exatamente por que estavam lá, como estavam os processos, se haveria advogado.

Como uma forma de me sentir útil e não ceder ao desespero, ao desprezo e aos maus tratos, e até por uma questão de sobrevivência, fui trabalhando e convenci o chefe de pátio e o diretor do setor que era possível aproveitar o tempo para alfabetizar as pessoas. Poucas coisas seriam necessárias, bastava caderno e canetas. Com a ajuda de familiares dos presos, montamos uma pequena biblioteca com livros doados.

Por diversas razões, geralmente ligadas à precariedade, há um abandono familiar dos presos: são pouquíssimos os que recebem visitas. Contudo, a solidariedade existe e funciona bem entre os que menos tem, principalmente naquele lugar de sofrimentos, em que integrantes do Ministério Público aparecem somente para negar e punir. Eles não se preocupam em saber como está a situação processual do preso ou se os direitos estão sendo respeitados. Eles se preocupam em evitar qualquer melhoria a fim de manter a igualdade nivelada por baixo: igualmente pior para todos. Conseguiram acabar até com a doação de livros. Muito triste, pois presos humildes ficavam encantados com a enciclopédia Barsa, olhando imagens que os estimulavam a contar as histórias de suas vidas: "eu trabalhei num garimpo, assim", "eu morava nessa cidade e tive de ir embora por causa da seca e da fome"...

O chefe de pátio, Eliezer, tinha um pouco de compreensão do sofrimento humano. A Papuda ocupa uma grande área, pois antigamente foi uma grande fazenda. Próximo da ala em que estávamos, havia um terreno, habitado somente por ratos, aranhas, baratas, escorpiões... Aí o Eliezer perguntou se a gente não queria aproveitar o espaço para fazer uma horta, e a gente topou. Ele pediu para eu fazer o projeto, então eu o fiz mais ou menos, desenhei, tirei as medidas. Como o pessoal tinha dificuldade para entender, fiz uma maquete. Usei materiais muito simples como esponja, um pouco de cola, uma tesoura emprestada com hora certa para devolver, para quem fosse trabalhar na "construção" da horta poder entender o que tinha que fazer. A horta ficou muito bonita, produziu e proporcionou ocupação às pessoas.

Também foi permitida, com a condição de que bancássemos os custos, a instalação de um chuveiro quente e um vaso sanitário. Mão de obra tínhamos de sobra, pedreiro, eletricista, garimpeiro, motorista, o que se possa imaginar. Uma das questões primordiais nos presídios, e que na Itália era muito importante, é a questão da higiene, porque há uma grande população e a disseminação de epidemias é altíssima. Por isso, reivindicamos e conseguimos materiais de limpeza e mantínhamos as celas e o pátio sempre limpos.

Ao chegar na prisão, o Luiz Estevão, ex-senador, conseguiu uma autorização para levar uma mesa grande com bancos para as pessoas sentarem-se e ter onde apoiar as quentinhas de papel alumínio. Durante uma época fiquei encarregado de distribuir as quentinhas. Em função disso, depois de muito reclamar, consegui uma cópia do contrato da secretaria com a empresa que as distribuía. Descobrimos que ela não fornecia um dos lanches do dia e que as refeições estavam muito abaixo do especificado na concorrência. Mas alguém estava preocupado, alguém fiscalizava isso? A empresa que fornecia as quentinhas era do Carlinhos Cachoeira...

Na Itália, uma comissão de presos ia fiscalizar os alimentos pela manhã. A alimentação é considerada um dos itens de saúde, portanto, tudo era muito bem higienizado, as refeições eram levadas com carrinho até as celas. Aqui é tudo jogado de qualquer jeito, as quentinhas são transportadas dentro de uma grande caixa, isso faz com que se abram a comida fique esparramada. Na Itália, quando o preso chega, é feito um período de quarentena em que todos os exames são realizados, e só depois disso é liberado o contato com os demais presos.

Certa vez, representantes do Ministério Público estiveram na Papuda. Informei que 16 presos sequer tinham advogado, pedi para a Defensoria Pública interceder. Meu pedido foi ridicularizado, com direito a uma nota publicada na revista Veja, na qual fui chamado de *síndico da Papuda*.

As visitas dos familiares ocorrem uma única vez por semana, nas sextas-feiras. Os familiares devem se vestir como presos para poder fazer a visita. Devem vestir roupa branca (inclusive a roupa íntima) e usar chinelos de dedo, além de obedecer a uma série de outras regras sem sentido. É muito comum, na primeira visita, o familiar do preso não conseguir entrar, pois qualquer detalhe a mais ou a menos é motivo para receber o sempre sonoro *não*. Por exemplo, se a foto da identidade não for atual ou for em preto e branco, não entra!

Além de serem obrigados a se vestir como presos, os familiares são tratados como potenciais criminosos. São obrigados a se despir e, nus, se agachar e tossir, abrir a boca, sacudir os cabelos, distender qualquer parte do corpo que se sobreponha a outra. Por esse procedimento extremamente humilhante passam todos e todas, jovens, idosos, padres, freiras, crianças. Andrea dizia o quanto era constrangedor ver uma senhora idosa que mal conseguia se manter em pé ser submetida a essa revista vexatória ou ver uma criança chorando por não entender por que um estranho, naquele lugar estranho, lhe ordenava que tirasse a roupa.

Na Itália, por exemplo, isso seria impensável, porque lá existem organismos estatais e da sociedade civil que fiscalizam as penitenciárias, fiscalizam o tratamento dispensado aos presos e familiares. Na Europa, a Corte Europeia de Direitos Humanos funciona e aplica multas aos países sob sua jurisdição – isso faz com que a população do país não admita ter seu dinheiro (de impostos) gasto com desmandos das autoridades do país. Em Sant'Anna, havia uma preocupação enorme com as crianças, pois são vistas como o futuro do país. Andrea dizia que a sala de espera dos familiares parecia um jardim de infância, com mobiliário para crianças, brinquedos, jogos, material para desenhar e os desenhos espalhados pelas paredes. Adulto(s) com criança(s) visitavam o preso numa sala individual, destinada a eles. Havia três dessas salas, mobiliadas e decoradas como uma sala de brincar, cada uma com cores e motivos diferentes.

Na Papuda, após saírem os familiares visitantes, comumente aparecia um pelotão, com cerca de 10 ou 12 guardas, vestidos de preto, fortemente armados. Entravam rapidamente, gritando, mandando todos saírem das celas e ficarem, de pé, encostados no muro do pátio. Faziam a revista das celas, virando tudo, levantando lençóis, derrubando tudo no chão, livros, documentos, comida etc. Quando nos permitiam retornar às celas, parecia que havia passado um furacão. Era um tal de reconstruir os estragos, colocar tudo no lugar, os livros, os documentos espalhados e amassados, uma tristeza!

Em certa feita fomos usados, eu e mais 10 presos, como bucha de canhão para uma disputa de poder entre a polícia civil e os agentes penitenciários, pelo comando da Papuda. A história começou com Luiz Estevão, com uma notícia na imprensa de que estava recebendo regalias, sendo favorecido pelo diretor e agentes penitenciários do CDP. Estevão foi levado para a solitária. Dois dias depois, levaram a mim e outros nove presos para a mesma solitária onde estava Estevão, mas sob o pretexto de que tínhamos dinheiro e nenhum preso poderia ter sobra do dinheiro trazido pelos familiares.

Ora, pensei, mas esse dinheiro era apresentado duas vezes aos agentes penitenciários: a primeira quando Andrea pegava a autorização para entrar e anotavam no sistema o valor; a segunda, quando, após a revista vexatória, conferiam o dinheiro em espécie, cujo valor máximo permitido, era de 150 reais por semana. Esse dinheiro servia para comprar material de higiene pessoal, de limpeza, algo de comer e beber na cantina, dentro da ala. Pensei ainda, poxa, estou sendo punido, primeiro, porque não gastei todo o dinheiro(!); segundo, não pude gastar, porque, como teve uma greve dos agentes penitenciários, a cantina ficou desabastecida.

Mas, como disse anteriormente, fomos usados. Eu, o "famoso", fui usado para gerar notícia na mídia, a fim de que o grupo dos policiais civis atacasse o grupo rival dos agentes penitenciários, com o discurso da incompetência. Ambos os grupos disputavam o poder de comandar a penitenciária da Papuda.

Fui colocado, junto com 10 presos, numa cela de 3 por 3 metros, sem nada dentro, apenas uma meia parede ao fundo e com um cano no teto e um buraco no chão. Um cheiro de podre saia do buraco, misturado ao cheiro de ratos mortos. Um calor infernal, do início de fevereiro e a cela não tinha ventilação e nem espaço para dormir. Tinha-se que fazer revezamento para dormir, para esticar o corpo na horizontal. A determinação era de ficarmos dez dias amontoados nessa solitária... grupal. Ficamos três.

Por sorte, cruzei com uma advogada conhecida da Andrea quando a caminho desse inferno e pedi a ela que a avisasse do ocorrido. Imediatamente Andrea fez contato com a embaixada da Itália que, por sua vez, recebeu a informação, que veio da juíza, de que o ocorrido era um procedimento normal de punição, porque eu havia feito algo não permitido e que eu estaria sozinho, em isolamento, numa solitária. Andrea insistiu com a embaixada italiana e eles acabaram indo à Papuda.

A embaixada viu a solitária onde fomos jogados e testemunhou as ameaças e constrangimentos a que fomos submetidos. O funcionário da embaixada escreveu, informalmente, à Andrea, pedindo desculpas por ter, inicialmente, acreditado que eu estava sozinho na cela e que jamais poderia imaginar que aquelas autoridades poderiam amontoar 11 pessoas numa cela daquelas dimensões, sem condição alguma, para aplicar uma punição efetivamente desumana, além da violência psicológica que lembrava os tempos do nazismo.

Oficialmente, a embaixada fez um relatório pesado que repercute negativamente até hoje, pois subentende que as autoridades que representaram o Brasil, no caso da minha extradição, não cumpriram os compromissos que assumiram e não respeitam os direitos humanos. Esse relatório serviu para Portugal negar a extradição de Raul Schmidt para o Brasil, e está na Corte Europeia de Direitos Humanos. Em outro caso, a própria Itália negou a extradição de um advogado para o Brasil, com base no relatório.

No caso da minha extradição, o Brasil foi representado por Rodrigo Janot e José Eduardo Cardozo, que assumiram e assinaram uma série de compromissos e não cumpriram. Aliás, assumiram compromissos que sabiam que não poderiam ser cumpridos.

O episódio, considerado pelo funcionário da embaixada como uma punição desumana e nazista, ocorreu com a concordância da juíza Leila Cury, da Vara de Execuções Penais do DF (VEP). O então PGR Rodrigo Janot reclamou ao ministro Luís Roberto Barroso, do STF, alegando que esse episódio poderia resultar na quebra do compromisso assumido pelo Brasil com o governo italiano e pediu a substituição da juíza Leila Cury na minha execução penal. Barroso nada disse, nada fez.

A juíza da VEP, em sua própria defesa, alegou que acordos de extradição não poderiam abalar a independência do magistrado ou interferir no exercício de sua jurisdição. A pergunta necessária é, então: por que Janot e Cardozo assumiram compromissos que não tinham poder nem independência para cumprir?

Tudo ficou igual, permaneci nas mãos da juíza da VEP-DF e do ministro Barroso, do STF. Saiu Janot, entrou sua sucessora Raquel Dodge. Eram essas as autoridades que atuavam e decidiam sobre o cumprimento da pena que me foi imposta pelo STF. Se já é difícil estar sujeito a um único juiz e um promotor, imagina estar nas mãos de dois juízes e dois promotores.

Em 11 de maio de 2016, eu teria direito a passar para o regime semiaberto, pois já tinha completado o tempo de prisão equivalente a um sexto da pena, segundo o parecer do Ministério Público do Distrito Federal. No semiaberto, eu trabalharia fora e retornaria à Papuda para dormir.

O advogado entrou com o pedido para o semiaberto, no STF, então o ministro Barroso o enviou para o PGR Rodrigo Janot, que questionou se eu já havia saldado a multa integralmente. Respondi que não tinha pago a multa, por não ter condições, mesmo porque ela era três vezes maior que todo o montante dos meus bens. De resto, a lei de execução penal não condiciona o semiaberto ao pagamento de multa.

Barroso mandou o caso para juíza, eu fiz a proposta de descontarem mensalmente um pouco da minha aposentadoria para pagar o valor da multa, pois era meu único bem. A juíza recebeu minha proposta em agosto, logo entrou em recesso e ficou até 29 de dezembro para dizer que não aceitava a proposta, pois, caso houvesse desconto da aposentadoria eu levaria 153 anos para poder pagar toda a quantia. E não justificou mais nada. O caso voltou para o ministro Barroso, que mandou para o procurador Janot, e assim iam me mantendo preso.

Após manifestação da Itália cobrando o cumprimento da lei e mais de um ano depois, em 30 de maio de 2017, Barroso decidiu que eu poderia ir para o regime semiaberto, para trabalhar e voltar para dormir no presídio. Decidiu, também, que seriam descontados 20% mensais da minha aposentadoria para pagar a multa, independentemente de quanto tempo isso demoraria. A juíza da Vara de Execuções Penais demorou três meses para cumprir a decisão do ministro; me manteve até 30 de agosto em regime fechado.

Por fim ela não resistiu e acabou me autorizando a trabalhar. Trabalhei na Rádio Metrópole. Saía todo dia às 5 horas da manhã e voltava antes das sete da noite. Não podia me afastar mais de 100 metros da rádio, entre várias outras proibições.

Neste 30 de agosto, dia em que saí para trabalhar, eu tinha completado dois sextos da pena, mais que o dobro do tempo para obter o regime aberto. Entrei com o pedido. Rodrigo Janot negou, justificando que eu deveria contar mais um sexto de pena a partir da data da decisão que autorizou o semiaberto. O ministro Barroso concordou com o PGR e não me concedeu o regime aberto. Segundo a lei, a contagem do tempo não se dá pela data da decisão do juiz, e sim pelo tempo efetivo de pena cumprido. Os erros e a ineficiência burocrática deles serviu para me manter preso por mais um ano.

A Procuradoria Geral da Fazenda Nacional (PGFN) juntou, no processo da execução, um parecer se manifestando sobre o parcelamento da multa penal, deferido pelo ministro Barroso. A PGFN informou que a VEP deveria encaminhar o valor da multa para inscrição em dívida ativa da União (DAU) e que, visto que o valor da multa excedia um milhão de reais, uma garantia real deveria ser apresentada. Sobre essa garantia, a PGFN informou que serviria para garantir que a multa criminal continuasse sendo paga no caso de falecimento do condenado. Isso caracteriza uma enorme agressão à lei, pois a pena criminal se extingue com a morte do condenado e, conforme a Constituição Federal, não pode ser estendida a terceiros. A lei penal é muito clara, na morte se extingue a pena.

A pena nunca pode se estender para além do condenado, mas, mesmo estando preso sem crime, queriam me punir, mesmo morto, e punir, também, meus familiares. Antes disso, a única situação no Brasil em que os familiares foram punidos foi quando a coroa portuguesa enforcou Tiradentes, punindo seus herdeiros.

Depois de me inscreverem no CADIM (Cadastro de Inadimplentes), a sucessora de Janot, Raquel Dodge, exigia que eu apresentasse uma fiança bancária, mesmo sabendo que era impossível, pois a inscrição no CADIM, impede qualquer operação de crédito, além das demais restrições.

No dia 21 de dezembro de 2017, o então presidente Michel Temer publicou o decreto de indulto natalino, indultando quem havia cumprido um quinto da pena e não tivesse cometido crime de sangue e/ou crime hediondo. Eu já tinha cumprido muito mais que isso, tinha cumprido um terço! E o decreto indultava também a multa criminal. Mas o ministro Barroso não cumpriu.

O já famoso ex-procurador Deltan Dallagnol, juntamente com a PGR Raquel Dodge, entrou com uma ação direta de inconstitucionalidade (ADI) do decreto de indulto. A ministra Cármen Lúcia suspendeu o decreto presidencial, de imediato, deixando milhares de pessoas enjauladas. A relatoria, ficou a cargo do ministro Barroso, que, em abril, resolveu reescrever o decreto presidencial e foi protelando, até o ministro Dias Toffoli assumir a presidência do STF, em setembro.

Em novembro de 2018, iniciou-se, no STF, o julgamento sobre a ADI proposta por Dallagnol e a PGR. O andamento da votação estava em seis a dois. Referendava, na íntegra, a constitucionalidade do decreto. O ministro Luiz Fux pediu vistas e o julgamento foi interrompido. Somente em maio de 2019 o julgamento foi concluído, quando, por sete a quatro ficou decidido que o decreto presidencial tinha valor em sua integralidade. Mais uma vez o ministro Barroso não cumpriu e permaneci preso.

Novamente apresentei pedido de indulto, pois tinha direito ao indulto por decreto presidencial desde 25 de dezembro de 2017. A embaixada da Itália também cobrava o cumprimento do decreto. Depois de muita pressão, em 4 de dezembro de 2020, passados três anos, o ministro Barroso decidiu me conceder o indulto a que eu tinha direito, mas só parcialmente. Fui indultado apenas da pena privativa de liberdade, mas a pena de multa foi mantida, não foi indultada, mesmo que no decreto estivesse explícito o indulto da pena de multa. Barroso agiu como se estivesse acima do bem e do mal, passou por cima do decreto presidencial assegurado pela Constituição e ignorou a decisão da corte suprema.

Além de me conceder apenas a metade do indulto, Barroso não efetivou o indulto da pena privativa de liberdade; eu não podia ir a lugar algum, ainda constava como preso na vara de execução penal e na lista da Polícia Federal. Depois de muitas brigas diplomáticas, em oito de setembro de 2021, finalmente o indulto à pena de restrição de liberdade foi efetivado e até hoje o ministro se recusa a me conferir o indulto da pena de multa, mesmo ela estando explícita no decreto.

Parece quererem inviabilizar minha sobrevivência. Como a legislação proíbe a prisão por dívida, arrumam um meio para me levar ao desespero. O que eu poderia fazer contra eles? Sou um aposentado e não tenho condições de pagar uma multa três vezes maior do que a soma de tudo o que tenho. Vivo um processo contínuo de extorsão em nome do Estado, sua estrutura e seus poderes.

O poder Judiciário não tem nenhum controle, é tão disforme que um juiz de primeira instância pode anular até ato do presidente da república. Hoje os ministros do STF são mais do que imperadores. Um ministro nomeado tem poderes para deslegitimar um ato do parlamento ou do presidente, que recebeu milhões de votos da população. É preciso fazer esse debate, o destino do país e do povo brasileiro está nas mãos destas pessoas.

Se há algo de que não se pode ter dúvida é de que o judiciário brasileiro é o maior responsável pela desgraça em que o país está mergulhado.

Nenhum dos verdadeiros criminosos do meu caso está ou esteve atrás das grades.

Dos Males à Esperança

O mito de Pandora narrado por Hesíodo diz que Zeus, zangado com toda a humanidade porque um dos homens, Prometeu, teria roubado o fogo dos deuses e os distribuído aos humanos, enviou à Terra uma caixa repleta de males. Mas, como que penalizado, ao cabo, no fundo da caixa, colocou a esperança.

Assim, espero que a exposição dos males tantos causados a mim, a companheiros e ao país, que narrei até aqui de forma pretensamente resumida, possam culminar em uma mensagem de esperança. Sim, procurei ter o cuidado de evitar pormenorizar (quanto menos palavras menor é o enfado) os abusos de autoridade cometidas desde a denúncia até a condenação e na extradição, assim como evitei me alongar narrando as irregularidades na execução da pena, os maus-tratos na prisão, os desmandos e a negação aos meus direitos, mesmo depois de já ter cumprido a parcela legal da pena prevista para o crime que me foi imputado, embora jamais o tenha cometido. Talvez, no futuro, valha me deter em cada tema desses em textos exclusivos, dedicados individualmente a cada um destes assuntos.

O que de fato importa agora, a meu ver, é que o dileto leitor tome a parte pelo todo e, com isso, perceba que o que me aconteceu, acontece e acontecerá sempre que uma parcela da elite do atraso necessite de um bode-expiatório para alcançar o objetivo perene de nutrir a sua fome infinita de ganho pecuniário. Isso só deixa de ser assim quando a sociedade adquire consciência e entende que é ela, como um todo, quem paga a conta, e não apenas aquele que é levado diretamente ao cadafalso e à execração pública.

Esse processo já começou a acontecer e, o que eu, minha família e alguns companheiros tivemos de suportar durante esses quase 20 anos, começa a ser, se não compensado, pelo menos mitigado pela percepção que a sociedade começa hoje a ter sobre esse processo continuado, que começou muito antes do mensalão, e só teve seu ápice vários anos depois, na Lava Jato. Mas hoje um grande e crescente número de cidadãos percebe cada vez mais o porquê de tudo isso ter acontecido. Especialmente quais os interesses estiveram por trás e quem estava pagando pela encomenda.

Importa também refletirmos, ainda que escape ao escopo do tema que tratamos neste livro, que isso que só nos acontece ocasionalmente, quando, como disse, parte da elite sente a necessidade, o andar de baixo, a pobreza toda, mas notadamente as pessoas faveladas ou aquelas a quem sequer um teto restou, vivem como realidade permanente. As razões são outras, mas a injustiça, a crueldade dispensada, o desprezo e negação de direitos são ainda maiores e mais covardes. Não podemos esquecê-los.

No nosso caso, contudo, é hora de desviar os olhos do retrovisor e mirar no grande sonho que, acredito, vai se realizar em grande parte. Tenho a firme convicção de que o Criador nos manteve vivos até hoje para que ajudemos a reconstruir o que se perdeu nesse processo persecutório que, oxalá, jamais se repita no nosso país.

O sentimento que me inunda neste momento, já menos me importando os pesares tantos, é o de esperança. Mas, como só o sentimento não basta, a partir de uma ideia de minha companheira Andrea, inspirada no projeto Tortura Nunca Mais, resolvemos ela, eu, a Sandra Urech e a Cleide Martins lançar o projeto *Lawfare Nunca Mais*.

Esse projeto, que tem recebido apoio de órgãos instituídos e de amplos nacos da sociedade, visa aplacar o desvio da Justiça apresentando um projeto de lei de iniciativa popular que penalize quem se valha de lawfare, e que a prática de lawfare seja reconhecida como um crime hediondo, pois atua na partidarização da Justiça, no prejuízo dos adversários, na criminalização e condenação de inocentes. O projeto prevê ainda que as vítimas de lawfare sejam resgatadas, anistiadas e, uma vez comprovada a utilização desse dispositivo hediondo, tenham reconhecidas publicamente a inocência e, por conseguinte, a honra até então aviltada por descaminho da justiça.

Por fim, prevê a criação de uma entidade que associe as vítimas e apoiadores das vítimas do lawfare.

A luta que empreendemos para levar a êxito este projeto se dá no contexto da esperança que temos, senão na certeza, de que de agora para a frente vamos viver a recuperação consciente e contínua da cidadania e da justiça no Brasil. Nossa resistência é nossa luta, e essa luta, em amplo sentido, desde sempre deu sentido à nossa existência.

pólen soft 90 g/m²
tipologia minion pro
impresso no outono de 2022